震災復興と地域産業

関満博▶編

6 復興を支えるNPO、社会企業家

新評論

#「社会」を意識した復興への取り組み

東日本大震災後、ＮＰＯ、社会企業家、民間企業のＣＳＲ部門などが、
被災者の生活支援、事業者・地域産業の復興への支援で
継続的な取り組みを重ねている。
本書ではこうしたＮＰＯや社会企業家による
復興支援、新事業創出支援に注目していく。
急角度な人口減少と高齢化は、被災地のみならず
全国の地方に共通する厳しい課題でもある。
本書で紹介する「現場」の方々の勇気と思いが、
人口減少・超高齢社会に向かう私たちに
「未来」を指し示してくれるものと思う。

東日本沿岸図

- - - - 県境

—— 市町村境

—— 旧市町村境（2005年1～6月時点）

太字は本書に登場する地域

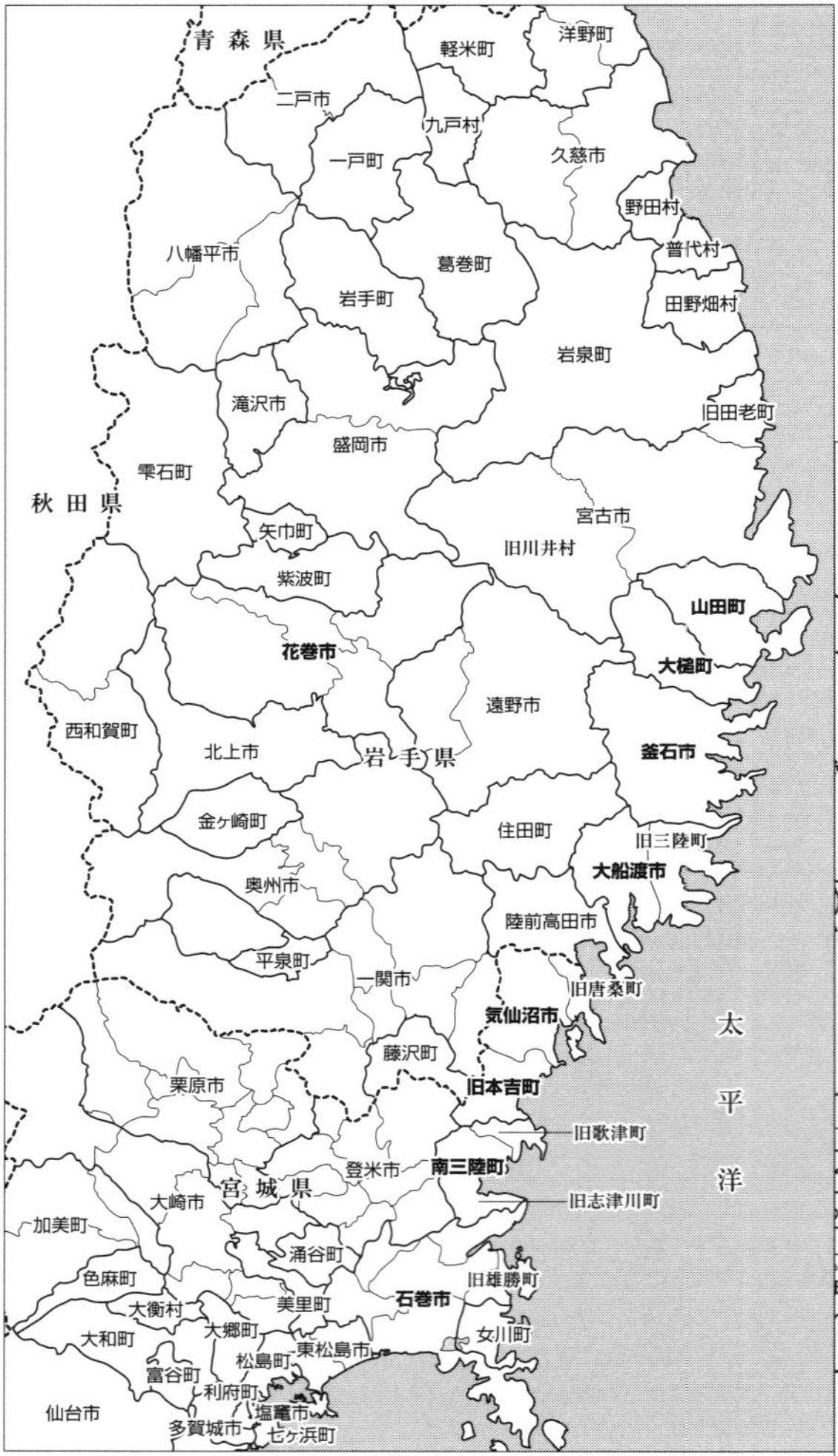

はじめに

二〇一一年三月一一日に発生した東日本大震災は、大津波と放射能災害という未曾有の事態を引き起こし、人びとの生活基盤、地域の産業基盤を崩壊させた。以来、三年半が経過する。避難している人びとの数は、被災直後には約四七万人といわれたが、三年半が経つ現在でも二四万人を超える人びとが仮設住宅や借上住宅に居住し、不自由な暮らしを強いられている。

この点、地域産業、中小企業については、復旧に際しての設備投資金額の四分の三を補助するという国のグループ補助金により、約一万の企業が事業用設備（建物、機械等）を回復させ、また、中小企業基盤整備機構の事業用仮設施設（工場、事務所、商店、倉庫等）の無償提供により、さらに三〇〇〇を超える事業者が仮の操業環境を回復させた。一九九五年一月の阪神・淡路大震災の際の国の事業者への支援は、設備投資に対する利子補給だけであったことからすると、今回は大きく前進し、一万以上の事業者が事業再開の条件を確保できた。

また、阪神・淡路大震災の際には多くのボランティアが被災地を訪れ、被災者の生活支援に大きな役割を演じ、日本の「ボランティア元年」といわれるほどの高まりをみせた。この点に関連して、今回の東日本大震災の場合は、被災者の生活支援に加え、多方面にわたる事業者、地域産業の復興への支援が行われた点が指摘される。被災直後の漁船の提供、事業用仮設テントの提供、カキやサケのオーナー制、復興ファンドの提供などがみられた。さらに、被災後数年を経ても地域産業復興支援を視野に入れ、

ＮＰＯ、社会企業家、民間企業のＣＳＲ（corporate social responsibility）部門等が、継続的な支援を意識した興味深い活動を重ねている。

今回の被災地は条件不利の東日本太平洋沿岸地帯であり、従前から人口減少、高齢化が著しく進んでいる地域であった。多くの被災市町村は被災前の一〇年間に人口を一〇％前後減少させていた。高齢化率も三〇％を超えているところが少なくなかった。今回の被災により、さらに人口を大きく減少させている。実質的には高齢化率は四〇％を超えているところが少なくない。特に「働く場所がない」「放射能を避けたい」として若者の流出が進んでいる。帰還を願っている年配者たちは「若者のいないまちは、終わりだ」とつぶやいている。地域産業の復旧・復興、雇用の場の提供、さらに希望に満ちた新たな産業の創設が不可避なものになっているのである。

そのような点を意識し、本書では被災の各地で取り組まれているＮＰＯや社会企業家による地域産業復興支援、さらに、新たな事業創出支援等の取り組みに注目していく。急角度な人口減少、高齢化は被災地だけの問題ではなく、全国の地方に共通する厳しい課題でもある。大震災による津波被災、放射能被災という非日常の世界での取り組みは、人口減少社会、超高齢社会に向かう私たちの「未来」を映し出していくことになろう。

本書を構成するにあたっては、被災各地の取り組みの中から一四（実質一九）のケースを採り上げた。公益団体や企業の取り組み、ＮＰＯ団体の取り組み、さらに社会企業家というべき人びとの取り組みを特に注視した。被災地はあまりにも広く、そして、深い。筆者たちは被災各地を継続的に訪れているが、人びとの思いのこもった取り組みの全てに接しているわけではない。たまたまめぐり合った取り組みに惹き込まれていったにすぎない。私たちの目の届かないところで、多様な取り組みが重ねられているのではないかと思う。

そのような意味では、本書は非常に限られたものをみているにすぎない。被災した各地では必死の取り組みが重ねられている。そして、それぞれの現場では、人びとの思いに寄り添い、復旧・復興、さらに新たな事業創造が取り組まれているものと思う。私たちとすれば、今後も引き続きそのような取り組みを注視し、そこに関わっていくことを願っている。

復旧・復興、そして新たな社会を作り上げていこうとする被災地の多くの取り組みは、人口減少、高齢化、縮小する経済社会とされる日本の最先端に位置することを深く痛感させられる。過去の世界に前例のない急激な人口減少、高齢社会に向かいつつある私たちにとって、被災地の復興と新生は新たな「希望」となっていこう。被災からの復旧・復興に取り組まれている方々からは、新たな社会の形成に向かおうとする息吹が伝わってくる。その力に圧倒されながら、それを冷静に記述していくことを心がけた。本書を通じて、そのような可能性が伝わることを願っている。

なお、本書を作成するにあたっては、実に多くの方々の協力をいただいた。本書に登場していただいている各団体、事業家の方々、さらに、ご紹介いただいた市町村、商工会、各種団体等の方々にはたいへんにお世話になった。ここで深く感謝を申し上げたい。今後も継続的に交流できることを願っている。

『震災復興と地域産業』と題する私たちの被災地をめぐる産業復興の共同研究もこれで第六集となった。このテーマをめぐっては書き残さなければならないものが少なくない。今後も、被災からの復興、新生を意識しながら、さらに一歩踏み込んでいけることを願っている。これからもみなさまのご指導をいただければ幸いである。

最後に、いつものように編集の労をとっていただいている㈱新評論の山田洋氏、吉住亜矢さんには改めてお礼を申し上げたい。まことにありがとうございました。

関　満博

二〇一五年一月

第Ⅱ部　地域の交流・復興支援

第Ⅲ部　起業支援の推進

序章

地域産業復興に向かうＮＰＯ、社会企業家

関　満博

東日本大震災による被災以降、実に多くの支援の手が差し伸べられた。国や自治体、個人、ボランティア団体、さらに、民間企業からも住民支援ばかりでなく、地域産業、中小企業に対する支援が提供された。特に、地域産業、中小企業にこれだけ幅広く支援が寄せられたのは、わが国の大規模災害では初めてではないかと思う。被災時の衝撃的な映像が、人びとに大きなインパクトを与えたように思う。

被災当初、地域産業、中小企業支援の動きで早かったのは、漁船や漁業資材の提供であった。全国の漁協、世界の支援団体が大量の船舶、コンテナ、大型テント等の提供を行ってくれた。さらに、ＩＴ企業のアイリンクによるカキのオーナー制、ミュージックセキュリティーズのセキュリテ被災地応援ファンドの提供は被災の三月にはスタートし、人びとに支援の可能性を認識させるものであった。

国においても、未曾有の大災害であることから、三月中には現地ヒアリングを重ね、経済産業省による「グループ補助金」、中小企業基盤整備機構による「事業用仮設施設」の提供が四月から取り組まれていった。これらは、過去の大災害ではみられない支援の取り組みであった。再建する場合、投資額の四分の三を補助するというグループ補助金、無償の事業用仮設施設を大量に供給するという取り組みは、再建を諦めかけていた事業者に大きな勇気を与えた。また、ヤマト福祉財団や三菱復興支援財団、東日本大震災復興支援財団等が大型の基金を組成し、資金面からの支援に踏み込んでいったことも興味深い。

そして、その頃から、行政の手の届きにくい分野でNPOや公益法人、さらに社会企業家たちが、地域産業の「現場」に入り、きめの細かい支援の手を差し伸べていった。特に、初期の緊急的支援から始まりその後の継続的支援に軸足を移し、地域産業や中小企業の復興、さらに起業支援にまで踏み込んでいる。そして、このような取り組みを通じて、支援する側、される側から新たな社会企業家が生まれていることも興味深い。特に、支援する側が被災からの復旧、復興の「現場」から多くを学び、新たな社会課題に向かう社会企業家として育っていったことも注目される。

人口減少、高齢化が進む日本の地方圏、その問題の構造が被災地において鮮明化されており、その社会課題解決に向けたNPOや社会企業家の取り組みは、私たちの「未来」を指し示しているようにみえる。被災地の復旧、復興への道のりは長い。とりわけ人口減少をくい止め、人びとが安心、安全で豊かな暮らしを営んでいける環境をつくり上げていくことが求められている。その場合、人びとに所得と雇用の場をもたらし、暮らしを支えていく地域産業の復旧、復興は基本的な課題となろう。

そのような点を意識し、本書は被災の各地で取り組まれているそのような人びとの「思い」をみていくことにしたい。そこには、私たちの「未来」が映し出されているであろう。

一　復興課題を産業化、企業化で支援

一九九五年一月一七日の阪神・淡路大震災の際には、全国から多くのボランティアが駆けつけ、住民の生活支援に大きな役割を演じ、その年は日本の「ボランティア元年」とされていった。この点、産業

支援には目立った取り組みはなく、神戸市の象徴的な地場産業である「ケミカルシューズ産業」の壊滅的な被災（地震による倒壊、火災）に対して、神戸市の要請により、任意の「ケミカルシューズ産業復興研究会」が組織され、筆者を含めた大学研究者、自治体職員（東京都、川崎市）、民間企業スタッフの計一二人が手弁当で参加し、被災状況の調査、再建計画の策定、事業者等との調整にあたった(1)。

この間、地域産業、中小企業関連では、神戸市が独自の判断で一七〇戸の仮設工場を提供したことが特筆された。その事業用仮設施設の提供は、戦後の大災害時において、地域産業支援のほぼ初めての取り組みであった。それまで、災害時の国の助成は再建するための投資に対して利子補給を行うだけであった。神戸市の場合は、被災後直ぐに金融機関（政府系、民間）、商工団体、その他の関連する部門を一カ所（神戸市産業支援センター）に集結させ、ワンストップサービスを提供していた。阪神・淡路大震災の地域産業、中小企業の復旧、復興に対して、それ以外の目立った支援は行われていない。民間、NPO等による産業支援は目につかなかった。

そして、この阪神・淡路大震災後の地域産業への支援に関して、一つの大きな教訓を得ることができた。このクラスの大災害が起こった場合、製造業などでは転倒した機械の調整等が必要になるが、大手企業がそのような技術者を押さえてしまい、中小企業は後回しにされていった(2)。中小企業が一カ月以上も事業再開できなければ、倒産の懸念もあった。中小企業は地域の「有力な市民」なのであり、いち早く経済活動を再開し、雇用の場を提供し、人びとの暮らしを支えることにより人びとに勇気を与え、地域経済社会の復旧、復興の主要な担い手となることが期待される。災害からの復旧、復興のプロセスの中で、地域中小企業の早急な復活の重要性が深く認識された。

被災直後の地域産業、中小企業支援

ところで、今回の東日本大震災の衝撃は圧倒的に大きく、被災直後、大量の住民支援のボランティアが駆けつけた。阪神・淡路大震災以来の経験が、市民の間に浸透していたのであろう。さらに、今回は住民支援ばかりでなく、被災した事業者支援も幅広く行われたことが特筆される。被災直後、地震被災に直面した茨城県日立市・ひたちなか市の中小機械系企業に対して、従前から交流を重ねていた全国の中小企業グループから、被災数日後に大量の水準器が送られ、被災した中小企業は一気に事業再開に向かうことができた(3)。

さらに、被災の三月中には、仙台のＩＴ企業であるアイリンクが、三陸の重要な産業であるカキの養殖事業に対し、「オーナー制」で資金を集め、漁業資材の提供を開始したことが注目された。カキの養殖はタイミングを外すと一年を棒に振る。このオーナー制は一般の義援金ではなく、支援対象の明確な方式を提示したことから各地に影響を与え、被災地に大きく拡がった。この時期には、さらに、ファンドのミュージックセキュリティーズが、特定の事業者支援に向けての興味深い「セキュリテ被災地応援ファンド」の提供に踏み出したことも目を惹いた。その他、国内ばかりでなく世界から三陸の基幹産業である養殖漁業復旧、復興に向けて小型船舶、漁業資材、番屋、コンテナ、大型テント等の提供が重ねられていった。東日本大震災の地域産業、中小企業支援はこのあたりから開始された。

この間、国においても被災の程度の大きさから効果的な復旧、復興支援の必要性が認識され、三月中は現地調査を重ね、経済産業省によって、被災中小企業が被災前の状況に工場等の建物、設備を復活させていく場合、その投資額の四分の三を補助するという画期的な「グループ補助金」と、中小企業基盤整備機構による大量の事業用仮設施設の提供が四月中には公表された。このグループ補助金は二〇一四年八月現在（復興庁資料）で五八一グループ、一万〇〇六八事業者に対して四三九九億円が補助されている。また、中小企業基盤整備機構による事業用仮設施設も、二〇一四年七月現在、五七七カ所（約三四〇〇区画）が無償提供され、合わせて約一万三〇〇〇の事業者が操業の場を確保することができた。今回の被災からの事業者の復旧、復興の過程において、この二つの事業が最も効果的に働いた。この二つの事業が提供されなかった場合、多くの事業者は再開できなかったことが指摘される。

継続的支援の提供

初期の物質的、資金的支援の時が過ぎると、事業者の自立的な回復が求められるのだが、事態はそのようにうまく進むわけではない。停止している間に、受注先、販売先は他の事業者に転注されるため、仕事が戻ってこない。従業員も散り散りになり、期待通りに戻ってこない。また、今回の福島の放射能災害が加わると風評被害により事業推進も容易でなくなり、住民の避難先が拡散し、多くの問題を発生させる。さらに、地域需要に対応していた事業の場合、市場縮小など事業環境が大きく変わってしまうであろう。

元々、東北地方太平洋沿岸の被災地の場合、人口減少、少子高齢化に悩まされていた。特に、地域需要をベースにしていた商店、サービス業の場合、以前から事業機会は大きく減退し、事業後継者もいない場合が多かった。高齢化した事業主たちはこれを機会に廃業に向かう場合が少なくない。地域産業には「外から所得を獲得していく産業」「雇用の場を提供してくれる産業」「人びとの暮らしを支える産業」があるが、とりわけ「暮らしを支える産業」である商店、サービス業が減少していくことが懸念される。高台の仮設住宅に住まい、クルマも持たない高齢者たちは食品、生活用品調達に苦慮していくことになろう。この点は、その後に計画されている恒久的な復興住宅に移っても事態は変わらない。

このような事情の中で、継続的な住民支援、事業者支援、さらに新たな社会課題に敏感に応える社会企業家の登場が期待されている。先の阪神・淡路大震災に直面した神戸市の場合、被災前の一九九〇年（国勢調査）の約一四八万人の人口は、被災の一九九五年一〇月には一四二万人と約五万人の減少となったが、被災五年後の二〇〇〇年一〇月には約一四九万人に回復している。この点、条件不利の東北地方太平洋沿岸地帯は、さらに人口減少、高齢化が続いていくことが予想される。このような条件の中で、事業活動の活発化、新規事業の創設も期待されている。

明らかに大都市神戸と、条件不利地域の東北地方太平洋沿岸地帯は基礎的条件が異なっている。東北地方太平洋沿岸地帯は人口減少と高齢化に向かう日本の象徴的な地域である。継続的な住民支援に加え、事業者支援、新規創業支援、新たなNPO、社会企業家の登場ときめの細かい活動、継続支援が求められているのである。

社会課題に向かうNPO、社会企業家への期待

近年、NPO、社会企業家、ソーシャル・エンタープライズ（社会的企業）が注目されている。この領域の先駆的な研究者である谷本寛治氏は「これまでのように、政府か市場かという二者択一だけでは捉えきれない現状が拡がっている。……社会課題の解決をミッションとしてもち事業として取り組む事業体の台頭。それが……『ソーシャル・エンタープライズ（社会的企業）』である。……ビジネスの手法を採り入れ社会的事業に取り組むNPO、利潤追求をベースにするのではなく、社会課題の解決をミッションとし事業に取り組む会社、あるいは中間法人の形態によるものなど、社会的ミッションをもった事業体を総称してソーシャル・エンタープライズと捉えることができる」(4)としている。

このような観点でみると、実に多様な主体が被災地の復旧、復興支援の継続的な取り組みに関わっていることがわかる。それは、住民支援ばかりでなく、事業者支援、起業支援にまで拡がっている。明らかに、被災地は日本の新たな社会課題を浮き彫りにしている。特に、失われた二〇年を経過し、成熟化、人口減少、少子高齢化が意識されている。被災地はその際立った構図を示しているのである。NPOや社会企業家たちは、そこに私たちの「未来」をみているのであろう(5)。

本書では、この東日本大震災の復旧、復興過程の中で登場し、事業者支援、起業支援などで興味深い役割を演じているNPO、社会企業家等に注目し、被災からの地域産業、中小企業の復旧、復興の課題と可能性を論じていくことにしたい。成熟社会、人口減少社会、少子高齢社会の深まりの中で、これまでの政府と企業（市場）に加え、それらの目の届かないところを注視し、新たな役割を演じるものとしてNPO、社会企業家に期待される点は大きいのである。

二　本書の構成

なお、本書では被災地をめぐる多くの取り組みの中から、本論として一四のケースを採り上げる。そして、それらを大きく四つのテーマに分けていく。その四つとは「事業基盤への支援」（第Ⅰ部）、「地域の交流・復興支援」（第Ⅱ部）、「起業支援の推進」（第Ⅲ部）、「新たな可能性に向かう社会企業家」（第Ⅳ部）である。また、巻末には補論として被災の地元でサービスの提供、雇用の場の確保を意識して自力で復旧、復興に向かった二つのケースを採り上げていく。それらの「成り立ち」「背景」と「現状」、及び「将来に向けた課題」をみていくことにより、私たちの「未来」が浮き彫りにされてこよう。

第Ⅰ部「事業基盤への支援」

第1章の「三陸牡蠣復興支援プロジェクト（アイリンク）」は、カキのネット通販を手掛けていた企業が、被災直後からスピード重視の発想から展開した「復興牡蠣オーナー制度」である。一口一万円で復興後に殻付きカキ二〇個を送る。集まった資金の七〇％を養殖のための資材等の購入にあてた。約三億円を集め、一件一〇万円から一〇〇〇万円までを支援した。カキ養殖は種付けのタイミングを逃すと一年間を棒に振る。支援の方向が明確なこのオーナー制は被災の各地にも波及し、支援の一つのスタイルとして広まった。

第2章の「クラウドファンディングと信用金庫の挑戦（ミュージックセキュリティーズ、気仙沼信金）」は、被災直後から新たな形のファンドを提供し、被災企業に勇気を与えたミュージックセキュリティーズと、自ら被災しながらも復旧、復興に向けて特に資金的な能力に乏しい社会企業家等に新たな金融の可能性を提示した気仙沼信金に着目する。東日本大震災からの復旧、復興過程においては、住民支援ばかりでなく、地域産業支援が多様な形で提供されたが、復興に向かう地元中小企業、また新たな形で登場してきたＮＰＯ、社会企業家への資金的な支援は、成熟社会、人口減少社会に向かうこれからに一つの可能性を示すものとして注目される。

第３章の「被災事業者に『軽トラ』を貸与、仮設住宅に移動販売（全国商工会連合会）」は、地域の経済団体である商工会の全国組織の全国商工会連合会が、被災した各地の事業者に一〇二台の「軽トラ」を無償貸与した取り組みである。貸付条件は週に二回以上、仮設住宅に移動販売、宅配等をすることとされていた。仮設住宅の多くは郊外の交通条件の劣悪な場所であることが多く、住民は買い物に苦慮していた。また、事業者自身も車両を失い仕入等に事欠いていた。このような状況の中で、小回りの効く軽トラは大いに活躍したのであった。

第Ⅱ部「地域の交流・復興支援」

第４章の「岩手県釜石市／活動の拠点化と広がり（三陸ひとつなぎ自然学校）」は、「地域のあらゆる資源を活用し、住民との交流を通して長期的に被災地を支える基盤づくり」を目指している。被災直後は、ボランティアと被災の現場のつなぎ、地域住民との交流の橋渡し、子どもたちの居場所づくりから開始していたが、その後は地域の多様な資源に注目し、それを活用しながら交流を長続きさせることにより、復旧活動から地域の元気づくりまで、地域を支える機能を持続させることを意識している。

第５章の「福島県浪江町／全町民避難のなか、『避難弱者』に寄り添う（コーヒータイム、Ｊｉｎ）」は、放射能災害により全町民避難となった浪江町の「避難弱者」というべき人びとに寄り添う二つのＮＰＯ法人を採り上げる。いずれも避難先で新たな活動を開始し、行政の手の届きにくい領域を支えている。障害者、高齢者、子どもや子育て世代に注目し、きめの細かい取り組みを重ねている。さらに、避難している浪江町民ばかりでなく、避難先のそのような事情の人びとも受け入れているのであった。

第6章の「福島県南相馬市／地域中小企業の復興支援に向かう（Bridge for Fukushima）」は、福島県相双地区の課題解決のために首都圏との「かけはし」になることを目指して震災直後に設立された非営利団体の取り組みである。直後の緊急物資支援から、中長期の継続支援へと軸足を移し、多様な取り組みを重ねている。ここでは、それらの中から、南相馬市小高区の中小機械金属系企業の継続的支援を報告する。新たな企業誘致が期待できない中で、地元の中小企業の復興を支援し、被災地の経済的基盤の形成を目指している。

第7章の「三陸被災地・内陸・日本海の交流と復興支援（結海）」は、秋田県五城目町の人びとが岩手県大槌町で被災したのだが、全員無事であったことを契機に、被災地と日本海の人びとを結ぶ交流、復興支援を進めているものである。その中間の内陸の都市である花巻の観光施設の一部を焦点に、相互の物資、人びとの交流・復興支援拠点を形成している。被災に対して多方面の支援が提供されたが、その一つとして都市間の交流支援が深められていった。その一つの取り組みとして注目される。

第Ⅲ部「起業支援の推進」

第8章の「岩手県大槌町／復旧・復興を通じて社会課題に向かう（おらが大槌夢広場）」は、被災直後から内外の若手が集まり、大型テントによるシンボル的な「復興食堂」を設置、人びとを惹きつけ、荒涼たる大槌の浸水域の「灯火」となった。このテントを焦点に復興へのエネルギーを高め、復旧、復興に伴う多方面の社会課題を解決していくための取り組みを重ねていった。そして三年半、ここに集った若者たちの多くは、社会課題を深く意識し、新たな社会企業家として育ち、旅立っていった。

第9章の「宮城県女川町／中間支援組織としてアントレプレナーシップを育む（アスヘノキボウ）」は、被災後、激しい人口減少に悩む女川町で、産業復興、域内雇用の創出を目指した非営利団体の取り組みに着目する。今回の被災後、各地に若者が支援に飛び込み、課題解決のためのNPO法人を形成したり、あるいは社会企業家として活動に踏み込んでいる場合が少なくない。この女川町でも、大企業を退職した若者が、多様なアイデアを投入して復旧、復興に尽力しているのであった。

第10章の「福島県いわき市／都市部の支援活動との連携による事業展開（47PLANNING）」は、地元出身の若い二人が中心になり、いわきの経済活動の自立化を意識し、まちの賑わいの創出、被災した飲食業の再建、新規創業の受け皿を、古い飲食店街をリノベーションしながら形成してきた。そこはいわきにおける新たな活性化の拠点となってきた。さらに、大企業及び、その社員たちの社会貢献（プロボノ）への関心を取り込み、多方面の支援の可能性を用意し、被災地における起業支援を目指しているのである。

第Ⅳ部「新たな可能性に向かう社会企業家」

第11章の「岩手県大船渡市、大槌町／被災地復興における社会企業家の役割と課題（浜のミサンガ環、刺し子）」は、沿岸の被災地の女性たちにミサンガ、刺し子などの仕事を提供し、自立に向かうことを支援するものであった。これらの仕事は避難所や仮設住宅でも可能であり、人びとの生きがいを取り戻し、人びとに大きな勇気を与えた。このような取り組みは被災の各地で行われたが、ここでは、大船渡市と大槌町で取り組まれた社会企業家、NPOの取り組みに注目し、その社会的な意義をみていくことにする。

第12章の「宮城県石巻市（旧雄勝町）／地域資源の価値を大切に、教育を軸にしたまちづくり（Sweet Treat311）」は、仙台出身の若者が、被災後すぐに炊き出し等を始め、その後、一時的な支援にとどまらず、多方面の取り組みを重ねていく。特に地域の基幹の漁業者と被災児童のサポートを意識し、多様な主体が参加できる場の形成を目指し、クラウドファンディングにより人びとを惹きつけている。産業支援と教育、まちづくりと賑わいの創出といった複合的な取り組みにより、地域課題の解決に取り組んでいる。

第13章の「福島県相馬市／朝市とリヤカー『海援隊』を展開（相馬はらがま朝市クラブ）」は、被災した水産加工を営む事業者を中心に、朝市と仮設住宅に暮らす人びとへの声かけ、買物支援を行っている。土日は朝市、月から金の五日間は仮設住宅へのリヤカーによる移動販売を実施している。高齢化が進み、買い物弱者が増加する現在、仮設住宅ばかりではなく、中山間地域や大都会の高齢団地などでもそのような必要性は大きい。このNPOには多くの人びとが集い、復興支援に加え、新たな起業を目指すなど、社会企業家的側面を強めているのであった。

第14章の「福島県南相馬市／被災地で太陽光発電、植物工場、体験学習（南相馬ソーラーアグリパーク）」は、被災直後の生活支援の段階を終えた頃から被災地への継続支援を深く模索し、浸水した農地に次世代型の太陽光発電、革新的な植物工場を展開していった。そして、被災を乗り越える地域産業復興のモデルケースを意識し、さらに、子どもたちへの体験学習の場を提供している。すでに多くの子どもたち、社会人を受け入れ、被災とそこからの復旧、復興のあり方とその意味するところを伝えているのである。

二つの補論

なお、本書は巻末に二つの補論を掲載している。補論1の「宮城県南三陸町／広大な浸水域で最初に再開した女性企業家（大森屋商店）」は、市街地がほぼ完全に流失した南三陸町の浸水域で、圧倒的に早い時期に自力でプレハブ店舗を再建した女性経営者のケースであり、補論2の「岩手県釜石市／被災後最初に設立された水産加工企業（釜石ヒカリフーズ）」は基幹の漁業・水産加工業が流失した釜石市唐丹の地で、地域に雇用を作り出すために水産加工の領域で被災地初の新規創業のケースである。これらは、まさに地に足のついた社会企業家の取り組みとして注目されるであろう。

以上のように、本書は東日本大震災の被災地の復旧、復興に向かう道筋の中で登場し、重要な役割を演じているＮＰＯや社会企業家に注目、その登場する背景、具体的な取り組みと成果、さらに今後の課題をみていく。先の一九九五年一月の阪神・淡路大震災の際には、多数のボランティアが駆けつけ、被災した人びとの生活支援に重大な役割を演じ、日本の「ボランティア元年」とされたのだが、今次の東日本大震災に際しては、さらに、産業復興支援などが幅広く提供された。公益団体、ＮＰＯ法人、社会企業家ばかりでなく、民間企業も多くの興味深い支援を提供してきた。

それら全体の評価は今後になされることになろうが、本書は被災三年半を経過した段階で、被災の各地で目についた多様な取り組みに注目し、その意義と成果、そして残された課題等をみていくことにする。人口減少、高齢化は日本全体の基本的な構造条件であり、各方面に社会的な課題が取り残されつつある。また、災害大国として今後も大きな災害が懸念される。そのような事情の中で、それらを乗りこえていく一つの重要な取り組みとして、NPOや社会企業家が見据え、そして、取り組んできたものの重要性は高い。私たちがそこから学ぶものは極めて大きい。そうした点を意識しながら、本書は補論を含めて被災地をめぐる一六の取り組みを採り上げていくことにする。

(1) 阪神・淡路大震災と地域産業復興に関しては、関満博・大塚幸雄編『阪神復興と地域産業』新評論、二〇〇一年、を参照されたい。
(2) このような事情は、二〇〇七年七月一六日に発生した中越沖地震の際も痛感された。被災の程度は阪神・淡路大震災や東日本大震災ほどではなかったが、中小企業の被災後の機械の調整等に関して、被災中小企業に大きな不満が残った。この間の事情については、関満博「震災に立ち向かう柏崎中小製造業——中越沖地震直後の『現場』レポート」(『商工金融』第五七巻第一〇号、二〇〇七年一〇月)を参照されたい。
(3) 関満博『東日本大震災と地域産業復興 I』新評論、二〇一一年、第9章を参照されたい。
(4) 谷本寛治編『ソーシャル・エンタープライズ』中央経済社、二〇〇六年、はしがき。
(5) 東日本大震災の被災後に著されたソーシャル・エンタープライズ関係の著作としては、鈴木良隆編『ソーシャル・エンタプライズ論』有斐閣、二〇一四年、がある。そこでは、被災地に登場してきたいくつかのソーシャル・エンタープライズに注目している。

第Ⅰ部

事業基盤への支援

第1章　三陸牡蠣復興支援プロジェクト
——復興牡蠣オーナー制度（アイリンク）

大西達也

一　東日本大震災による牡蠣産地の被害

二〇一一年三月一一日、三陸沖を震源に発生した「東北地方太平洋沖地震（東日本大震災）」は、マグニチュード九・〇という規模に加えて、その直後に岩手県から福島県の沿岸部を襲った巨大津波によって、日本有数の牡蠣の産地である三陸沿岸に甚大な被害をもたらした。特に巨大津波による被害は、養殖漁業者の生活拠点である沿岸部の集落自体を飲み込むとともに、直接牡蠣の養殖に必要な種苗用機材や漁船、作業小屋等をことごとく流失させた。そのため、関係者の間では同地域における牡蠣養殖の復旧には、最低でも数年間は要するものとみられていた。

三陸沿岸の一部である宮城県沿岸地域は、広島県と並ぶ伝統的な牡蠣（マガキ）の養殖生産地として知られている。宮城県では食用牡蠣の養殖生産だけでなく、全国の牡蠣産地向けに種牡蠣を大量に出荷していた。牡蠣の養殖生産は卵から孵化した稚貝を種牡蠣としてホタテ貝の貝殻に付着させた採苗器を用いて育成する。宮城県における種牡蠣の販売量は、震災以前の二〇〇九年時点では国内第一位でそのシェアも約八〇％を占めており、第二位の広島県（一七％）を大きく引き離していた（農林水産省『種

図1—1　東日本大震災の被害を受けた牡蠣生産地マップ

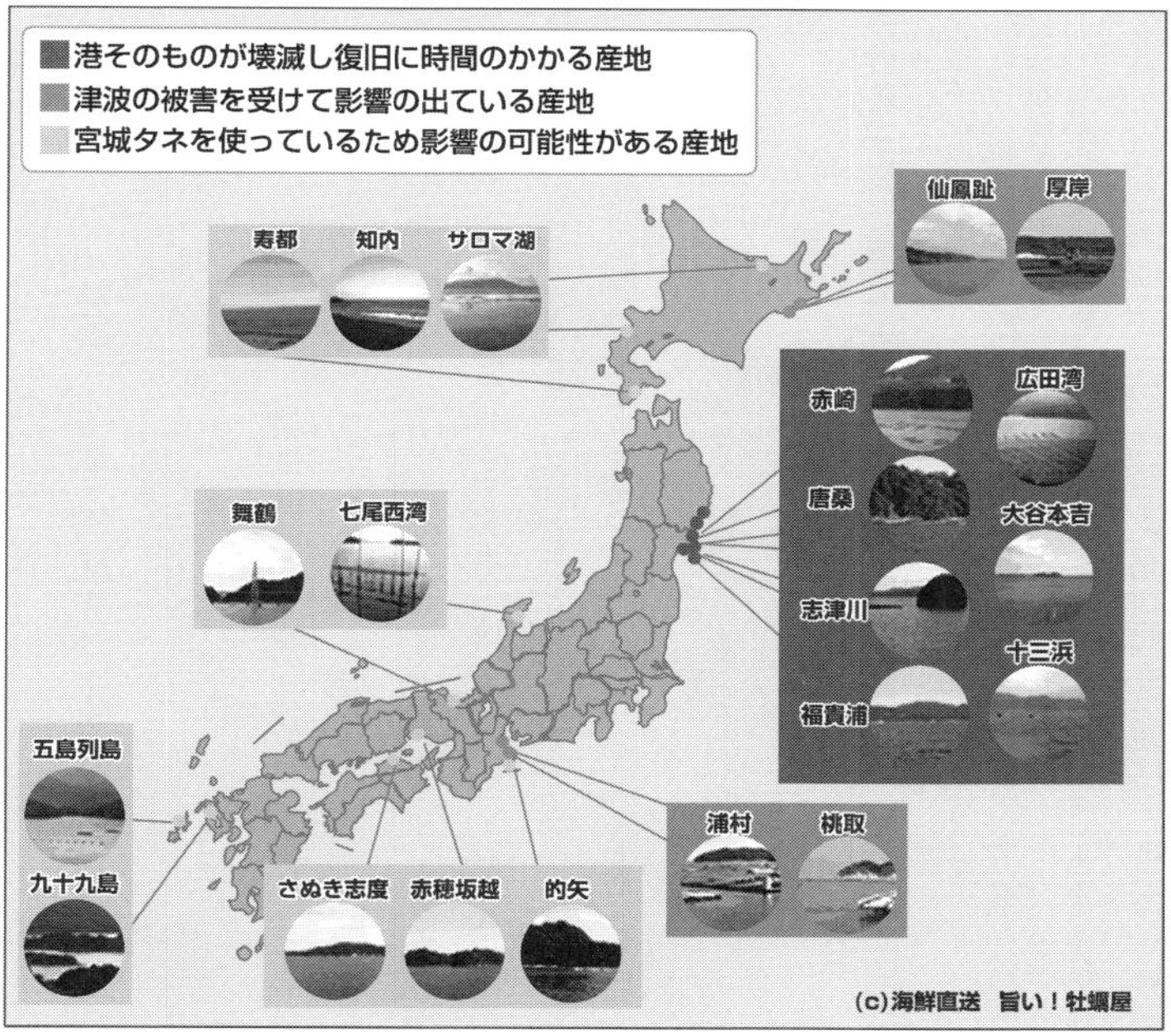

提供：アイリンク

苗養殖販売量』二〇〇九年）。

宮城県内でも特に松島湾と牡鹿半島周辺地区で養殖生産される種牡蠣は生命力が強く、どのような水質にも適応力があると評価されていた。そのため日本国内のみならず、海外でも牡蠣が多く消費されるアメリカやフランスなどにも輸出されてきた。しかし、今回の震災と巨大津波の被害によって、三陸沿岸ではほとんどの養殖生産地で種苗用機材が流失したり、あるいは湾内に流れ込んできた瓦礫と混ざって処理されることになった。全国の牡蠣産地に種牡蠣を出荷してきた三陸沿岸の壊滅的ともいえる被害は、同地域だけでなく日本の牡蠣養殖漁業全体への影響も懸念されることになった。

二　牡蠣オーナー制度と「三方よし」の企業理念

被災直後は国や地方自治体も被災者の生活支援が最優先であり、牡蠣養殖施設の復旧にはまったく手付かずの状況にあった。三月に被災した三陸沿岸の牡蠣養殖漁業者にとって、夏までに養殖生産を再開できなければ翌二〇一二年秋以降の収入がゼロになることを意味していた。しかし、国や地方自治体からの支援は期待できず、またその支援も「公平・平等」が原則とされる。さらに、当時は産地はもちろん養殖漁業者ごとに被害状況が異なる中で、三陸沿岸の被害の全体像を把握することもままならない状況にあった。

このような状況下、震災直後の三月二六日に「復興牡蠣オーナー制度」に代表される「三陸牡蠣復興支援プロジェクト」を立ち上げたのが、㈱アイリンク代表取締役の齋藤浩昭氏（一九六四年生まれ）であった。

国内最大級の牡蠣のネット通販ショップを展開

齋藤氏は環境問題への関心が深く、一九九〇年代に自らドイツ、オランダなどに赴いて風力発電施設の実態を学んだ。その後、日本でも風力発電事業を起こすべく、九〇年代後半のＩＴベンチャー起業ブームの中の二〇〇〇年四月にアイリンクを設立した。その後はＡＳＰ（アプリケーションソフトプロバイダー）事業、インターネット通信販売（以下、ネット通販）のサポート事業なども手掛けるなど業容を拡大していった。ネット通販事業については、齋藤氏の親戚が北海道の有名な牡蠣産地である厚岸で牡蠣を養殖生産していた縁から、牡蠣のネット通販事業に参入、ネット通販ショップ「海鮮直送旨い！牡蠣屋」を開設した。

アイリンクは二〇〇四年に日本証券業協会の未上場株式売買制度である「グリーンシート銘柄」の指定を受け、二〇〇六年時点で三十数人を雇用するソフトウェア開発会社にまで成長した。しかし、その後のＩＴバブル崩壊の影響などもあり、いくつかの事業を売却している。そして、最後に手元に残したのが、牡蠣のネット通販事業であった。

二〇〇八年以降は牡蠣のネット通販事業に特化し、齋藤氏自らが全国の牡蠣産地を車で回って、個々の養殖漁業者と直接交渉しながら取引関係を構築していった。当初は北海道厚岸産と三陸産の一部のみの販売であったが、順次取り扱い産地を拡大していき、震災前には全国三〇カ所以上の産地の牡蠣を取り扱う国内最大級の牡蠣のネット通販ショップとなっていた。

アイリンク代表取締役の齋藤浩昭氏（2014.8.3）

提供：アイリンク

牡蠣オーナー制度の支援スキーム

齋藤氏は牡蠣のネット通販事業を通じて三陸沿岸の養殖漁業者との緊密な関係を構築していたことから、逸早く養殖生産地の被害状況を知ることとなった。そこで、「公平よりもスピード重視」の発想から独自に始めたのが「復興牡蠣オーナー制度」である。

図1―2　売上金の利用目的

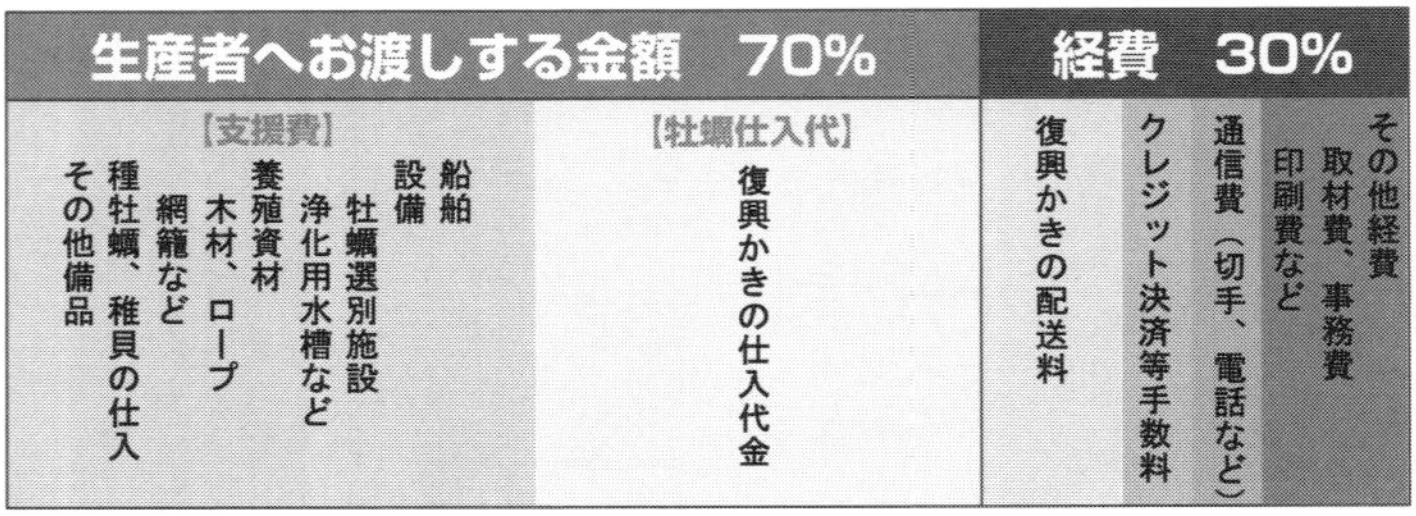

提供：アイリンク

この制度は支援者（牡蠣オーナー）から復興後の牡蠣の代金を前払いで購入してもらうことで、生産者の復興を支援し、できる限り早期の出荷再開を目指すものである。一口一万円（税・送料込）で復興後に「復興かき」（三陸産殻付き牡蠣を一口につき約二〇個）を届けるという内容であった。売上代金の一部（七〇％）を生産者の牡蠣養殖のための資材、設備の購入や種牡蠣の仕入れ資金に活用し、残りの三〇％を送料等の通信費、諸経費としている。

復興牡蠣オーナー制度の実施にあたっては、齋藤氏が牡蠣のネット通販ショップの運営を通じて、全国の牡蠣養殖漁業者や、顧客である牡蠣愛好者との間で築いてきたネットワークが最大限活用された。特に直接の被災地である三陸沿岸以外の養殖漁業者とのネットワークは、養殖に必要な資材提供や中古漁船を融通してもらうなど、被災した牡蠣養殖生産地の復旧に大いに役立った。

支援の実態

震災から一年が経過して、ようやく漁協や国、地方自治体など公的機関からの支援が動き始めたため、被災の僅か二週間後から始まったアイリンクの復興牡蠣オーナー制度は、一定の役割を果たして二〇一

図1—3　アイリンクの企業理念「三方よし」

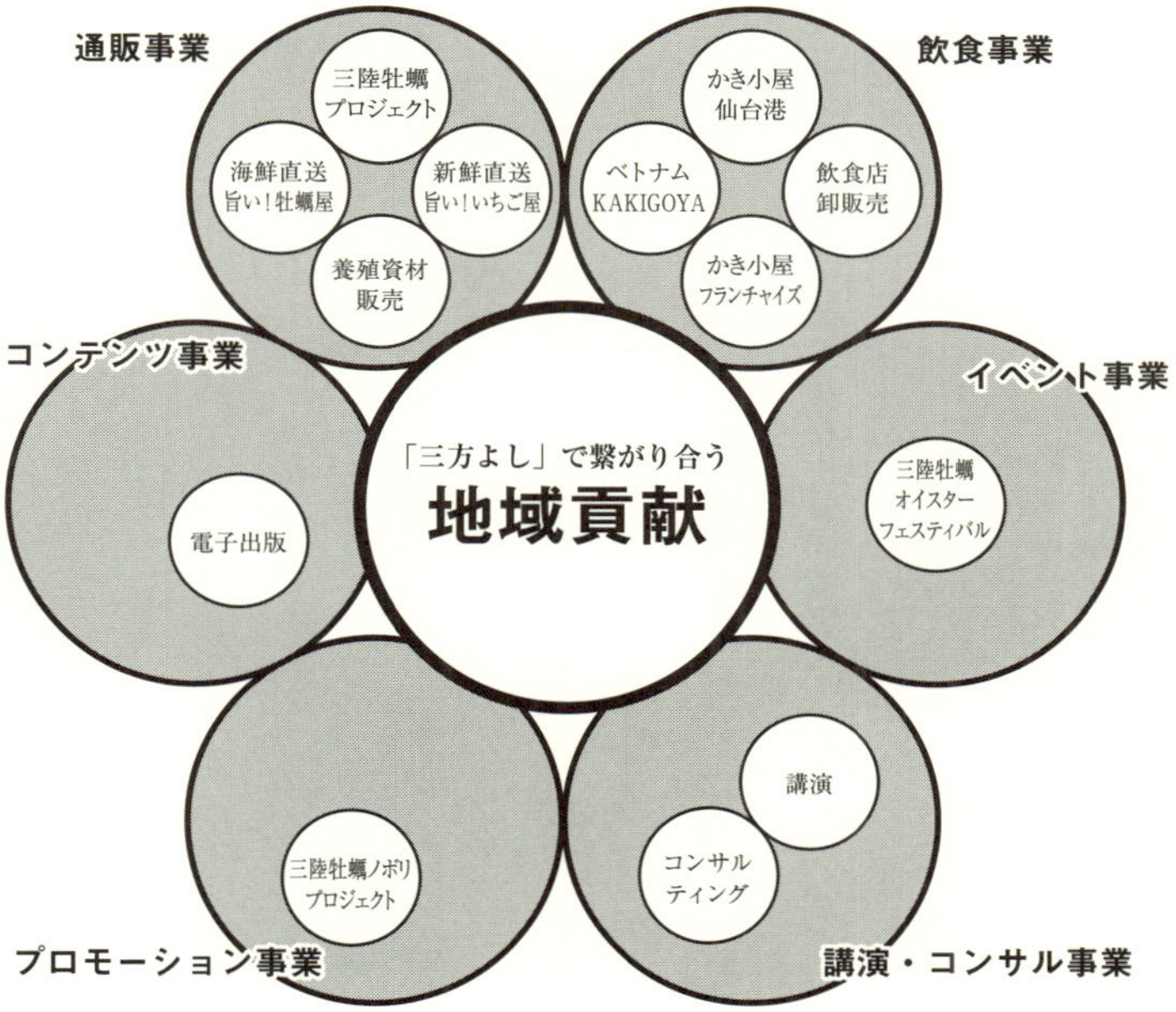

提供：アイリンク

二年三月末をもって一旦終了した。当プロジェクトには一年間に全国から二万三九三三人、口数にして三万一五一八口（三億一五一八万円）の支援が寄せられた。

アイリンクは自社のホームページ上で随時、被災した養殖生産地の支援状況を報告するとともに、「復興かき」の発送時には自社で作成した『産地レポ＆活動報告』『支援先生産者からのメッセージ』等を同封するなど、支援者に支援を受けた生産者からの感謝の声を届けてきた。

『産地レポ＆活動報告』に記載された「産地別支援実績のご報告（二〇一二年九月三〇日現在）」によれば、支援地区が一六地区、支援金額は一件一〇万円から一〇〇〇万円規模であり、支援内容は種牡蠣の購入費や中古資材（フロート、丸籠、ロープ等）、中古船、フォークリフト等重機の調達から、仮設トイレ、番屋の設置まで詳細かつ多岐にわたっている。

齋藤氏によれば、「従来の被災地への寄付・募金では、自分の支援が具体的にどのような形で役立っているのかが見えにくい。支援される方にとっても支援者の顔が見えにくい」という課題があった。しかし、アイリンクの復興牡蠣オーナー制度では、「牡蠣産地の支援」に特化したことで支援対象が明確になり、かつ活動報告や生産者からのメッセージを通じて、生産者と支援者とが相対・双方向の関係になっている点が特徴とされている。

齋藤氏の運営してきた牡蠣のネット通販事業における「アイリンクは常に生産者と顧客をつなぐ媒体でありたい」という、生産者・顧客・自社の「三方よし」の企業理念は、アイリンクがこれまでに取り組んできた様々な牡蠣産地支援プロジェクトにおいても一貫している。

三　生産支援から販売支援へ

震災から三年が経過した二〇一四年春の時点で、三陸牡蠣の生産は震災前の四〇％程度にまで復旧しており、来シーズン（二〇一四年秋以降）には八〇％まで生産が回復すると見込まれている。そのため、三陸牡蠣にとって今後の課題は販売の復旧へと移りつつある。三陸沿岸では被災直後からの風評被害に加えて、出荷再開までの間に大口納入先を他の産地に奪われてしまっていた。その結果、生産量の回復に販売量が追い付かず供給過剰となり、秋の繁忙期になっても一向に主力商品である「むき身」牡蠣の価格が回復せず、生産調整を行わざるを得ない状況となっていた。

そこでアイリンクの三陸牡蠣支援プロジェクトも、「生産支援から販売支援」へと重点を移していくことになった。二〇一二年には三陸沿岸の中で他の養殖生産地に先駆けて復旧した石巻産牡蠣の販売を支援すべく、「剥かずに販売可能な方策」として殻付き牡蠣を提供する飲食施設である「かき小屋」を提案した。二月一八日には宮城県漁協石巻湾支所との提携により「かき小屋渡波《わたのは》」をオープン、さらに四月一四日には牡鹿半島の牡蠣生産者との提携により「かき小屋仙台港」をオープンさせている。

かき小屋プロジェクトの展開

飲食業界が総じて苦戦する中で、アイリンクが進めてきたかき小屋スタイルの飲食施設は、三重県志摩地域や石川県能登半島などの牡蠣産地のほか、首都圏も含めて全国に展開され始めている。齋藤氏によれば、一般的なオイスターバーでは一人当たりの牡蠣消費量はせいぜい二〜三個にとどまっているのに対して、かき小屋では平均して一人当たり半ダースが消費されており、殻付き牡蠣の市場開拓に寄与しているという。

かき小屋は大規模な設備投資が必要ないことから初期投資が少なく開業しやすいが、一方で安定的な牡蠣の供給が不可欠となるため、独自のノウハウが必要とされる。アイリンクは全国の牡蠣産地とのネットワークを活用して殻付き牡蠣の卸機能を担うとともに、自社でも複数地点でかき小屋を経営してきたノウハウを生かすことで、かき小屋のフランチャイズ化を目指している。

旨い！　三陸牡蠣ノボリ

全国に広がる「かき小屋」（いずれも2014.8.3）

提供：アイリンク

アイリンクが殻付き牡蠣にこだわる理由は、その単価の違いにある。日本では「殻付き」と「むき身」では殻を剥くコストがかかるにもかかわらず、殻付きの販売価格の方が三~五倍も高く設定されている。殻付きを扱った方が収入は増えるにもかかわらず、日本の生産者は殻付きにシフトできていない。その原因としてあげられるのが、種苗用機材を含めた養殖生産方法の違いに加えて、国内に殻付き牡蠣の流通・販売ルートが存在しないことである。特に、国内でも老舗の牡蠣産地である宮城県、広島県などでは漁協経由による大量のむき身牡蠣の出荷が主流である。そのため、殻付き牡蠣を出荷しようという養殖漁業者は、通信販売を行うなど自ら販路を開拓しなければならない状況にある。

二〇一三年一二月には、震災後に三陸産牡蠣の取り扱いが途絶えていた飲食店向けの販売促進のために、「三陸牡蠣ノボリ一〇〇〇本プロジェクト」がスタートした。この事業は震災後に全国から人が集まり復興需要に沸く仙台市内の飲食店で「仙台で三陸産の牡蠣を食べたいが、どこの店で扱っているのかわからない」といった声を聞きつけたことにヒントを得ている。

企業や地元自治体、地元マスコミ等からの協賛・後援を得て「三陸牡蠣ＰＲ実行委員会」を組織し、五〇〇本のノボリを作って三陸産牡蠣を扱う飲食店や小売店に無料で提供している。二〇一四年三月現在で四七六本のノボリが宮城県内各地に掲示されており、観光客を含めた来訪者に対して三陸牡蠣のＰＲと消費拡大に貢献している。

復興牡蠣オーナー制度を再開

アイリンクは二〇一四年三月一二日より復興牡蠣オーナー制度を再開、今回はオーナー（支援者）が岩手県宮古市から宮城県東松島市まで一〇カ所から支援したい産地を選べる仕組みとなっており、二〇一四年秋までの期限で新たなオーナーを募集している。新たに設けられたアイリンクのホームページの「買って応援　牡蠣オーナー」コーナーでは、三陸沿岸一〇カ所のそれぞれの産地をクリックすると、産地ごとに被害からの復旧状況、牡蠣が養殖されている海域の特徴や養殖生産方法、牡蠣の種類などが写真入りで詳しく紹介されている。

例えば、宮城県気仙沼市の三陸唐桑産牡蠣の紹介コーナーでは、『森は海の恋人』活動と称される、二〇年以上前からの唐桑の漁師たちが続けてきた植林活動や、牡蠣の成長を妨げる海藻やムール貝などを除去するために定期的に牡蠣を六〇℃のお湯にくぐらせる温湯処理などを、一般の消費者にもわかりやすく解説しており、自ら

三陸唐桑産の牡蠣（2007.10.24）

提供：アイリンク

が購入する牡蠣がどれほど手間暇をかけて生産されているのかを知ることができる。

四　三陸を牡蠣の世界的産地にしよう

齋藤氏が語るように、「三陸牡蠣の生産地を震災前よりも良い状態にすることが真の復興」だとすれば、失われた販路の復旧だけでは不十分であり、新たな市場開拓が必要となる。そのためには牡蠣のネット通販事業で牡蠣を全国各地に出荷するだけではなく、全国から牡蠣の愛好者たちに三陸沿岸に代表される生産地を訪問してもらい、地元での牡蠣の消費に加えて、観光・宿泊など関連消費を拡大することが有効な手段となる。

第1回三陸オイスターフェスティバル（2014.8.3）

提供：アイリンク

このような発想から、アイリンクは二〇一三年一〇月一三日、宮城県石巻市渡波港のサン・ファン・バウティスタパークにおいて、「第一回三陸オイスターフェスティバルin石巻」を開催した。これまでにも全国の多くの牡蠣の生産地で「かき祭り」は開催されていたが、複数の生産地が連携したイベントとしては全国初の試みであった。このイベントに関しては、アイリンク単独では公共施設が利用できないこともあり、前述の三陸牡蠣ノボリ一〇〇〇本プロジェクトと同様に実行委員会を組織し、事業資金についてもクラウドファンディングを利用した。

「二〇年後には、世界中から三陸に観光客が押し寄せ、三陸の美味しい食と美しい景観を愉しめるように、三陸を世界有数の観光地にする」といった齋藤氏が掲げるメッセージが三陸沿岸の牡蠣生産者と全国の支援者の双方に受け止められ、世界中から集客するインターナショナル・サンリク・オイスターフェスティバルの開催が、三陸牡蠣の真の復興に繋がることを願ってやまない。

【参考文献】

農林水産省『種苗養殖販売量』二〇〇九年
森勝義「三陸のカキ養殖の被害から、『海を生かし、海に生きる』ことを考える」(『都市問題』二〇一一年八月)
特集「東日本大震災と仮設商店街の展開」(『地域開発』第五八六号、二〇一三年七月)
特集「震災復興とNPO、社会企業家」(『地域開発』第五九七号、二〇一四年六月)

第2章　クラウドファンディングと信用金庫の挑戦

――社会企業家向け金融の創出（ミュージックセキュリティーズ、気仙沼信金）

遠山　浩

気仙沼市は東北有数の漁獲高を誇る気仙沼港を擁し、震災前はマグロ、カツオ、サンマなどの水揚げで大いに賑わった港町である。こうした経済状況を反映し、地元の気仙沼信金に加えて、近隣の地方銀行、第二地方銀行全てが支店を構え、市内の事業者を支えて町の賑わいを形成していたが、こうした金融機関を含む気仙沼市のほぼすべての事業者は震災で大きな被害を受けた。

金融機関は店舗が損壊したのみならず勘定系システムも寸断されたものの、被災後直ぐに預金の払い出しや送金などの窓口業務を再開していった[1]。その後、企業向け貸出業務も再開するが、事業復興への思いが強い企業であっても、被災で自己資本が毀損し、場合によっては債務超過になっている状況下であれば、金融機関が追加融資をすることは難しい。また、他の章でみるように、被災地の復興を目指す多くの社会企業家が出現してきているが、彼らは融資後の返済について不確実性が比較的高く、やはり取り組みが難しい。すなわち、被災地という非常事態下では、戦後日本の経済成長を支えてきた、金融機関貸出を中心とする金融システムでは企業の資金需要に応えきれない。そこで登場してきたのが既存の金融システムの枠を超えた金融であった。

本章では、気仙沼市に焦点をあててこうした新しい金融への挑戦を検討していく。具体的には、地域の復興を目指す被災企業を震災直後から支えたミュージックセキュリティーズによるクラウドファンディングと、海外を含む地域外の有力団体との協業を通じた助成事業などを活用して、地域の社会企業家などの活動を支援する気仙沼信金の取り組みを考察する。これらの取り組みは、中小零細企業からみて閉塞感を感じる日本の金融システムへの挑戦とも言える。本章での分析を通して、被災地の企業がどのような課題を抱えているのか、被災地の企業が求める支援は何かを検討するとともに、今日の日本の金融が果すべき役割を考察する。

一　震災直後に希望の光を灯した被災地応援ファンド

近年よく耳にするクラウドファンディングは、多くの投資家から小口のリスクマネーを調達する手段として注目され、インターネット経由で幅広い層から資金を募ることも少なくない。この手法に比較的早く着目したミュージックセキュリティーズでは、アーティスト向けのファンドをはじめ、特徴ある小口ファンドの組成を手掛けてきた。そして、彼らが培ったクラウドファンディングの手法を震災直後から活用したのが、セキュリテ被災地応援ファンドである。

被災地応援ファンド組成に向けて

被災企業の復興をクラウドファンディングで支えるアイデアは、震災間もない時期にツイッターを介して生まれた。仙台では、二〇〇六年から、現状を変えたい、人材を育成したい、地域に貢献したいといった思いを抱く学生、一般企業人、行政職員、企業経営者が、地域に必要な課題解決を図るためのプラットフォームの場として、NPO法人ファイブブリッジが活動していた。震災に直面し、メンバーの関心は自ずと地域の復興に向かうが、想定外の災害で被災した多くの中小事業者を、融資や助成金など既存の制度だけでは救えないと考える。そして、「被災企業に共感し、応援したいと思う全国の個人（ファン）から小口で出資を集め、再建のための事業資金として使えるようなファンドの仕組みがあれば、被災企業がもう一度立ち上がることができるのではないか」との思いに至り、これをツイッターでつぶやいたところ、ミュージックセキュリティーズにつながることができた。地元を強く思う社会企業家たちの間で生まれたアイデアが、クラウドファンディングという小口ファンド組成を手掛ける金融とつながることで、新たな挑戦へと向かっていった。

　地域と金融の二つの企業家は震災からわずか一カ月後の四月中旬には気仙沼市や南三陸町の被災企業を訪問、被災企業との話し合いを始める。当時の三陸沿岸地域は、訪問するといっても簡単なことではなかった。また、訪問を受けた被災企業は、損壊した社屋などの後片付けに追われる毎日を送っており、将来を語れるような心境ではなかったが、ファンドを通して全国から応援団を募る構想に勇気をもらい、自分たちの復興への思いを事業計画にとりまとめることを決意する。そして、四月二四日に気仙沼市で記者会見を開き、復興にかける思いとそれに向けた事業計画を、石渡商店（ふかひれ加工）、オノデラコーポレーション（アンカーコーヒー経営）、斉吉商店（廻船業、鮮魚小売）、丸光食品（製麺）、八木澤商店（醤油・味噌製造）、ヤマウチ（鮮魚販売、加工品製造）の六社[2]が説明、翌二五日からミュージックセキュリティーズが各社のファンドを全国に向けて募っていった。

　ファンドは出資一口五〇〇〇円とあわせて寄付一口五〇〇〇円を行うことを要件とし、ファンド手数料として五〇〇円が徴求される。各案件であらかじめ設定した七〜一〇年間の間に、売上額の数%の配当を受けることで投資家は投資資金を回収するスキームであるが、計画通りの売上額が達成されなければ投資家は投資資金の回収ができないこともある。なお、投資家と企業との関係は、こうした金融取引だけでなく、営業再開後の初出荷商品を投資口数に応じて受け取れるとか、製造現場を投資家が見学できるといったイベントが設定され、単なる投資家にとどまらない企業の応援団を形成する工夫がなされている。

各ファンドの募集はインターネット経由で行われ、募集状況をミュージックセキュリティーズのホームページで閲覧することができる。気仙沼市以外の被災企業もこのクラウドファンディングを利用しており、二〇一四年七月三一日現在、募集総額一一億二六〇四万円に対してその九四%にあたる一〇億六〇八四万円の資金を二万八五九八人から募っている。表2－1のとおり五〇〇〇万円から一億円の資金調達が三四案件で完了し、残り四案件の募集を継続している。なお、資金提供を受けた企業は、ミュージックセキュリティーズのホームページを介して、投資家へのＩＲも兼ねて多くの情報を発信している。このようにミュージックセキュリティーズの機能が加わることで、投資家はＷＥＢ経由で投資先企業の現状を把握できる。被災地から離れた場所に居住していても、長期間に渡る応援を続けることが可能となる。

募集が完了している案件をみると、一投資家あたり平均三・七口を出資しており、二万円弱を投資し二万円弱を寄付するのが平均的な形である。資金の出し手は投資収益の獲得を目的とする投資家というよりも、復興を目指す企業家の「志」に対する応援団という感じである。いわば活きた義援金をひも付

表2—1　セキュリテ被災地応援ファンドの取組状況（2014年7月）

	ファンド名	所在地	業種	募集開始年月日	募集口数	調達目標(百万円)	申込済人数
1	八木澤商店F	宮)南三陸町	醤油・味噌製造	2011/4/25	5,000	50	1,627
2	斉吉商店F	宮)気仙沼市	廻船業、水産加工	2011/4/25	1,000	10	400
3	アンカーコーヒーF	宮)気仙沼市	焙煎・製菓工房	2011/5/2	2,450	25	937
4	山内鮮魚店F	宮)南三陸町	鮮魚販売・加工品製造	2011/5/13	5,000	50	1,454
5	石渡商店ふかひれF	宮)気仙沼市	ふかひれ加工	2011/5/17	10,000	100	2,532
6	タツミ食品わかめF	宮)石巻市	わかめ養殖加工	2011/5/25	1,000	10	431
7	津田鮮魚店F	宮)石巻市	鮮魚販売	2011/5/25	1,500	15	590
8	星のり店F	宮)七ヶ浜町	のり養殖加工	2011/6/24	1,560	16	597
9	及善かまぼこF	宮)南三陸町	笹かまぼこ製造	2011/6/24	1,000	10	429
10	寒梅酒造宮寒梅F	宮)大崎市	日本酒蔵元	2011/6/24	2,000	20	551
11	三陸とれたて市場F	岩)大船渡市	鮮魚・加工品販売	2011/9/16	2,500	25	636
12	三陸味処三五十F	岩)山田町	水産加工品販売	2011/9/16	700	7	327
13	南三陸マルセン食品F	宮)南三陸町	蒲鉾等製造	2011/9/22	2,000	20	609
14	酔仙酒造F	岩)陸前高田市	日本酒蔵元	2011/10/21	3,000	30	842
15	のり工房矢本F	宮)東松島市	のり養殖加工	2011/10/28	800	8	231
16	山元いちご農園F	宮)山元町	いちご栽培	2011/11/21	2,114	21	743
17	船大工　佐藤造船所F	宮)石巻市	造船業	2011/11/26	1,365	14	431
18	盛屋水産つなぎ牡蠣F	宮)気仙沼市	牡蠣等養殖	2011/11/29	1,000	10	365
19	木村水産めかぶF	宮)石巻市	めかぶ加工販売	2011/11/30	2,000	20	621
20	御菓子司木村屋F	岩)陸前高田市	和菓子製造販売	2011/9/28	2,500	25	759
21	南三陸伊藤サケF	宮)南三陸町	水産加工品製造	2011/9/22	3,000	30	776
22	いわ井　器・和雑貨・地酒F	岩)陸前高田市	和雑貨・酒販売	2011/11/25	1,200	12	304
23	菱屋酒造F	岩)宮古市	日本酒蔵元	2011/9/7	4,000	40	850
24	大木代吉本店自然郷再生F	福)矢吹町	日本酒蔵元	2011/11/30	6,000	60	542
25	ドラゴンフラワーズ花の苗F	宮)岩沼市	花卉栽培	2012/6/29	500	5	221
26	丸光食品F	宮)気仙沼市	ふかひれ加工	2011/4/25	8,000	80	2,050
27	世嬉の一酒造　蔵とビールF	岩)一関市	日本酒蔵元・飲食店	2012/7/27	2,120	21	539
28	藤田商店わかめウニF	宮)気仙沼市	水産加工品製造	2012/8/24	1,500	15	381
29	マルトヨ食品さんまF	宮)気仙沼市	水産加工品製造	2012/3/26	2,000	20	531
30	とらやのたらこ・明太子F	宮)石巻市	水産加工品製造	2012/5/7	2,400	24	433
31	三陸オーシャンほやF	宮)女川町	ほや養殖加工	2012/6/8	1,000	10	337
32	さんいちファーム野菜F	宮)名取市	いちご栽培	2011/11/26	4,000	40	1,242
33	KFアテイン雪滑り塗料F	宮)仙台市	塗料製造	2012/3/23	2,000	20	451
34	鵜の助4人の漁師F	宮)石巻市	水産業	2012/8/24	4,000	40	842
募集中							
35	北海道網元浜中丸サケF	北)浜中町	漁業、さけ等加工	2011/11/24	6,105	61	793
36	八木澤商店しょうゆ醸造F	宮)南三陸町	醤油・味噌製造	2011/11/29	10,000	100	2,580
37	歌津小太郎こぶ巻F	宮)南三陸町	水産加工品製造	2012/6/28	4,240	98	665
38	矢部園伊達茶F	宮)塩釜市	茶葉加工販売	2013/2/12	2,050	21	329

注①：ホームページ掲載順にしたがって作表。
注②：ファンド名欄の「F」は「ファンド」を意味する。
資料：2014年８月１日付セキュリテ被災地応援ファンドホームページ（http://oen.securite.jp/）

きで幅広く募集し、計画を上回る業績回復を達成できた場合はその果実を資金提供者に還元するスキームとなっている。金融機関の扱う資金量に比べると小額だが、資金の出し手の「思い」のつまった資金を全国から被災地に仕向ける、たいへん意義深い金融といえる。

二重債務問題の解消をはじめとする被災企業を取り巻く金融問題への関心は、震災後三年が経過し低くなっているが、今日でも多くの課題が残っている。まして震災後数カ月という時期では、今日とは比べようがないほど金融問題の解決見通しは立っていなかった。そういった時期に、ミュージックセキュリティーズという、インターネットを駆使して小口ファンドを多方面から募る機能を持ちあわせた金融仲介プレーヤーが関わった意義は大きい。

復興企業の現状

表2−1にあるとおり、三四案件がセキュリテ復興ファンドにより資金を調達している。必要資金の調達が完了した時期は異なるが、多くの企業が資金調達完了後二年程度は経過しているとみてよい。以下では、ミュージックセキュリティーズが実施しホームページで公表しているアンケート結果を参照して、ファンドでの資金調達を契機に各社がどのように復興してきたのかをみていく。

二〇一三年と二〇一二年の事業実績が当初計画との対比に関する質問に対して、当初計画より進んでいないと回答していた企業が二〇一二年には二〇社（五六％）あったが、二〇一三年については一三社（三五％）へと減少し、当初計画より進んだと回答した企業が二〇一二年の三社（八％）から、二〇一三年には一二社（三二％）へと増加している。また、二〇一二年に比べて二〇一三年の事業進捗状況に

図2—1　ファンド投資先企業の直面している課題（複数回答）

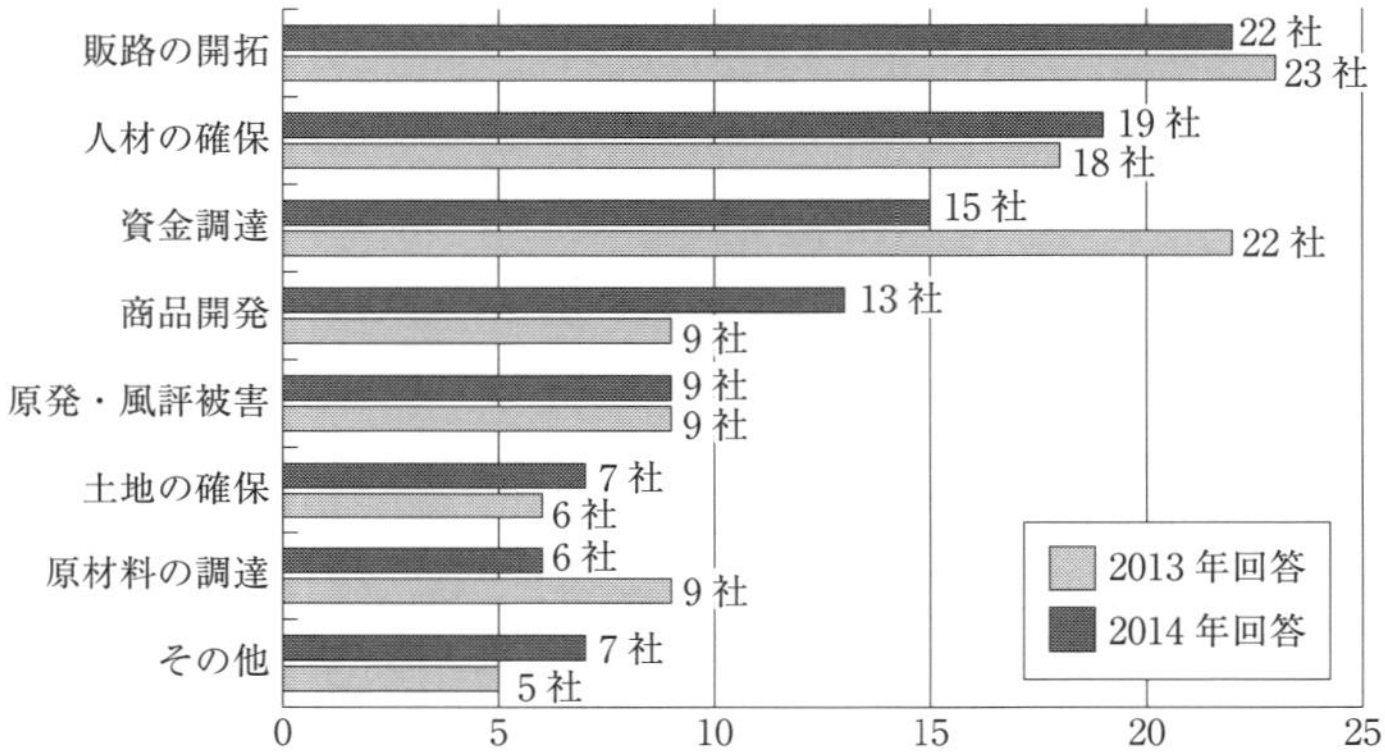

資料：セキュリテ被災地応援ファンドホームページ（http://oen.securite.jp/after/3/）

関する質問については、五三％が二〇一三年の今年の方がよいと回答し、前年とほぼ同じ三〇％、前年の方がよい一四％を上回っている。当初計画に設定した売上額が利益を達成する難易度は各社によって異なるためアンケートの集計で単純に判断できない面はあるが、各社ともに前を向いて事業を推進し回復基調にある様子がうかがえる。ファンドで資金を調達し、比較的早期から復興に取り組めたことが、二〇一三年の実績につながっているとも考えられる。

また、ここにきて明らかになってきたのは、震災前と同じビジネスモデル、販路で、震災前と同水準の売上額、利益を確保することは難しいという現実である。そこで、ビジネスモデルの転換や新たな販路開拓が必要となり、そのためには人材の確保や新商品の開発が必要となるが、簡単にできない。これまではとにかく頑張って突き進むことが企業の再建につながったが、今日ではビジネスに関する知見、判断力、創造力といった事業推進力を向上させることが不可欠となっている。

ミュージックセキュリティーズのホームページでは、各企業の最新状況を毎日のように伝えるほか、「買って応援セキュリテセット」と名付けた数千円のセット商品を紹介している。これは販売支援につながる意義ある活動であるが、上述の課題を解決するためには、各企業が新たな分野に参入する能力向上につながる支援や、必要とする専門人材を派遣するといった業務支援が求められる。

二　復興企業プラス社会企業家を支える気仙沼信金の挑戦

一九二六（大正一五）年に創業した気仙沼信金は、震災前には気仙沼市に八店舗、市外の三陸海岸地域に四店舗を構え、約一〇〇〇億円の預金を擁し、地域の中小零細企業向け金融を担ってきた。震災後は復興予算や義援金を受領した自治体ならびに個人の預金が増加し、(3) 二〇一四年三月末の預金額は一四七九億円と拡大している。一方、貸出額は震災前後でさほど変わらない水準の四六九億円であるため、同期の預貸率は三二％と、震災直後の二〇一一年三月の四六％よりもさらに低迷している。

気仙沼信金が営業基盤とする気仙沼市ならびに三陸地域は、過疎化、少子高齢化という地域の課題を抱えつつ、成熟した国内市場への対応を模索している中で震災に見舞われ、いったん経済活動が停止した状態から復興に取り組んでいる地域である。こうした厳しい環境では、戦後日本の右肩上がりの経済成長を支えた貸出を軸とする金融システムは機能せず、その結果、低い預貸率に留まっているとみるのが妥当であろう。

ただし、気仙沼信金は地域の復興を目指し、貸出業務だけに拘らない様々な取り組みを実施している。

結果として、事業の復興を目指す地域の企業や、地域の復興に向けて必要とされる様々な機能を担う強い思いを抱く社会企業家を支える金融機関として活躍している。復興企業向け金融に加えて、社会企業家向け金融という日本では必ずしも確立されていない最先端領域への挑戦が、被災地である気仙沼で行われている。以下では、これらの取り組みを時系列に検討していく。

三陸復興トモダチ基金と起業意欲の確認

様々な立場から多様な手段で被災地に対する支援が実施されたが、こうした支援は国内のみならず海外からも寄せられた。その一つに国際NGOメーシーコープがある。彼らは、震災直後から、気仙沼市、大船渡市、陸前高田市、南三陸町での物資支援や被災した子供の心のケアプログラムなどを実施し、その数カ月間の支援活動を経て、地域が自立して復興するためには次の段階の支援が必要との意識に至る。そして、NPO法人プラネットファイナンスジャパンを介して、信用金庫の上部団体である信金中央金庫にコンタクトする。プラネットファイナンスジャパンは、フランスに本拠地をおく国際NGOプラネットファイナンスの日本拠点で、途上国の貧困からの自立のためにマイクロファイナンスに取り組んでいる。なお、震災にあたっては、釜石市、気仙沼市で衣類、食料などの物資支援や牡蠣養殖資材の提供といった支援活動を行っていた。

震災から半年を経過した頃から、地域の有力企業にはグループ補助金が交付され、また震災前の借入金返済条件の緩和、棚上げといった処理が徐々に動き出していた(4)。しかし、これらのほとんどは地域の有力企業を対象としており、信用金庫の主力貸出先である中小零細企業は、復興に向けて動き出したくともその道筋をなかなか見極められなかった。こうした中小零細企業を意識して、信金中央金庫の仲立ちにより両者と気仙沼信金で協議を重ねた結果、二〇一一年一一月、メーシーコープが二〇〇万ドルを拠出する「三陸復興トモダチ基金」の創設が発表される。

三陸復興基金へはその後も資金を拠出する団体が続く。二〇一二年四月には米国半導体メーカーのエヌビディアが、全世界の社員から募った義援金一〇〇万ドルに、一〇〇万ドルを加算した二〇〇万ドルをメーシーコープを介して拠出する。エヌビディアも、震災直後から、従業員の義援金に会社が上乗せマッチングさせる形で、オペレーション絆と名付けた物資提供や支援団体への助成活動を続けていた。三陸復興基金への拠出金も同様に社員の思いが詰まった資金で組成されており、これを契機に多くの社員が海外から気仙沼を訪れ復興の歩みを応援してくれた。この他にも、ファーストリテイリング、ボーイングからの資金拠出を受けている。ファーストリテイリングは、二〇一二年三月に「ユニクロ　復興支援プロジェクト」を掲げ、売上金の一部と店舗の募金から三億円を復興支援金としている。この資金で東北地方のNGO五団体を支援しているが[5]、その一環として三年間で総額六〇〇〇万円の支援が三陸復興基金にあてられている。ボーイングは、被災した障害者への支援活動を行ってきたが、メーシーコープを通じて二五万ドルの資金を拠出している。

気仙沼信金をベースに展開

こうして集められた資金を用いて、三陸復興基金では、気仙沼信金の営業地域である、気仙沼市、南三陸町、陸前高田市、大船渡市にて、地域での復興を目指す企業や社会企業家を対象に、次の三つの事

図2—2　三陸復興トモダチ基金スキーム図

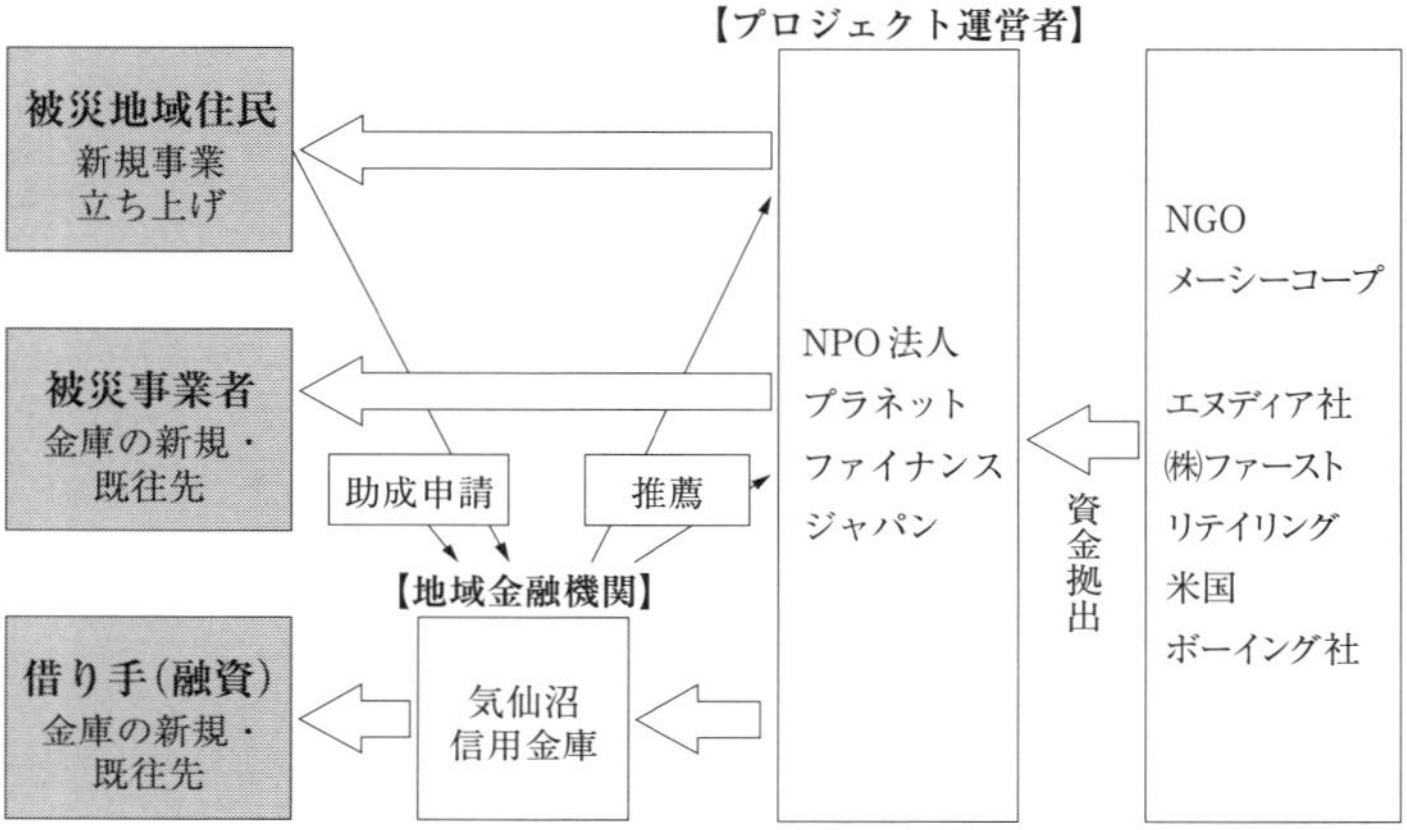

提供：気仙沼信用金庫

業に取り組んでいる。第一は起業者助成制度である。被災地域のニーズに対応する起業者を対象に、新規事業にかかる初期費用の五〇％（限度額一五〇万円）を助成する。第二は、新規雇用・再雇用助成制度である。被災して従業員を解雇した事業者が、従業員の再雇用や新規雇用を行いやすいように、一事業者最大二人まで、雇用した従業員一人あたり月額一〇万円を一年間支給する。第三は、利子補給融資制度である。復興支援を目的とした気仙沼信金からの借入金に対する利子補給を、借入当初から二年間実施する。

図2－2のとおり、事業者は気仙沼信金に申請し、気仙沼信金が申請内容を審査して適合した案件のみを推薦するスキームをとっている。被災直後は自己資本が毀損している事業者がほとんどであり、貸出を主力事業とする金融機関からみると与信リスクをとることは難しい。このため貸出案件を積み上げることは困難だが、地域の事業に関する目利き機能は

表2―2　三陸復興トモダチ基金活用状況（2014年5月）

単位：件（人）、百万円

支援内容		件数	金額
助成金	雇用助成	98（128）	151
	創業助成	65	94
	障害者向け・アクセス改善	9	7
融資	地域力	216	1,730
	フロンティア	25	221
	震災保証制度融資（信用保証協会）	3	43

注：融資蘭の金額は融資金額で利子補給実施額ではない。
提供：気仙沼信用金庫

地元信金に蓄積されている。したがって、この助成金交付の審査に気仙沼信金が携わり、金融機関として蓄積してきた機能を果している意義は大きい。

二〇一二年一月から二〇一四年五月までに、合計一〇回、三陸復興トモダチ基金からの助成金が交付されている。利子補給制度は二〇一三年で終了し、基金全体でもあと一回でほぼ資金が底をつくというが、この間の実績をまとめたのが表2－2である。このなかでも注目されるのは創業助成に採択された案件が六五件にのぼる点である。介護サービス、地元産ジャム製造に母親層が取り組む動き、藍染めなど、特徴的な案件が生まれている点に加えて、この二年半の申請受付件数が一一九件まで積み上がった点が特筆されよう。被災地での起業意欲は、一つひとつは小規模で目立たないものの決して衰えていない。基金での実績はこの点を示している。返済の不確実性が高く銀行貸出での支援は難しいものの、銀行貸出に拘らないこうした金融が機能することで、起業家の後押しを十分行えることがわかる。

なお、三陸復興トモダチ基金で支援した事業者は六五社にのぼり、事業者間の交流会が立ちあがるようになっている。気仙沼信金では、この交流会を核に、事業者支援セミナーを実施し、企業相互のマッチング、事業者が不足している経営資源を補完するなどの副次的な効果も生まれている。

復興支援ファンド「しんきんの絆」

信用金庫の上部団体である信金中央金庫では、個別の信金で組成することが困難な金融サービスをホールセール（卸売）する事業に取り組んでいる。震災復興にあたっては、自己資本を毀損した被災地の企業向けに資本リスクを負担する再生ファンドが必須となり、いくつかの再生ファンドや震災前の貸出債権を買い取る機構が設立された(6)。しかし、リスク分析や投資後のガバナンスを実施する体制を考えると、これらのファンドや機構は中小企業の中でも比較的大所を対象にせざるをえず、信金の融資先である中小零細企業の多くは投資対象となりにくい。すなわち、地域の中小零細企業向けのリスク分析やガバナンスに長けた地元信金に期待される分野がここに存在するが、資金量や職員数に限界がある信金が単独で再生投資事業に取り組むのは難しい。そこで、信金中央金庫により、総額五〇億円の復興支援ファンド「しんきんの絆」が二〇一一年一二月に組成された。表2－3が示すとおり、二〇一四年三月末までに、累計で一一信用金庫の融資先三七先に対して約二〇億円の投資を実行している。

気仙沼信金関連では貸出先一〇先を対象に、劣後ローンや優先株の形態で投資されている。気仙沼信金の業容を考えると、積極的に再生ファンドを活用しているといえよう。なお、業績に応じて取引先はファンドへの返済負担額が変動するようなスキームになっていることが多いようで、再生ファンドと協調することで、信金はプロパー貸出を実行しやすくなっている。こうした金融支援が気仙沼市の船舶機

表2—3　復興支援ファンド「しんきんの絆」の運営状況（2014年3月）

推薦信用金庫名	本店所在地	貸出金（億円）	投資先数	主要業種
宮古信用金庫	岩手県宮古市	311	4	ガス業、水産加工業
北上信用金庫	岩手県北上市	453	1	機械器具製造業
杜の都信用金庫	宮城県仙台市	2,135	3	運輸業、食料品製造業、食料卸売業
宮城第一信用金庫	宮城県仙台市	610	1	機械器具製造業
石巻信用金庫	宮城県石巻市	662	9	運輸業、情報通信業、食料品製造業、水産加工業等
仙南信用金庫	宮城県白石市	725	3	物品賃貸業、土石業、倉庫業
気仙沼信用金庫	宮城県気仙沼市	469	10	その他サービス業、食料品製造業、水産加工業等
白河信用金庫	福島県白石市	918	1	小売業
あぶくま信用金庫	福島県南相馬市	636	3	食料品製造業、土石業、介護事業
二本松信用金庫	福島県二本松市	442	1	食料品製造業
福島信用金庫	福島県福島市	1,429	1	その他サービス業
合　　計			37	

注：貸出金は2014年3月末残高。宮古、北上、石巻、福島は2013年3月末残高。（各信金のホームページより記載）
資料：平成26年4月11付信金中央金庫プレスリリース「復興支援ファンド「しんきんの絆」の運営状況について」

関整備業者や地域産品販売施設の復興を支え、気仙沼港の機能回復につながっている。

三菱商事復興支援財団との協業

先の二つは震災一年目に取り組みが始まった事例である。震災から三年強が経過し、第一の三陸復興トモダチ基金は資金交付が終わりつつある。一方、気仙沼の復興はようやくこれから本格化していく段階であり、新たな社会企業家が多様な分野で起こりつつある。そこで彼らへの金融が求められるものの、金融機関の立場からみると貸出で支えるのは難しい状況には変わりない。このギャップを埋めるべく、気仙沼信金は公益財団法人三菱商事復興支援財団との協業を進めている。

三菱商事は、保有する基金一〇〇億円を活用し、これまで学生支援奨学金や復興に携わるNPOなどの活動をサポートする助成金支給事業に取り組んできた。その活動を経て、被災地の事業者再建には助成金交付にとどまらない踏み込んだ投資事業が必要との判断に至り、基金の財団化の検討をはじめる。その時期に、気仙沼信金が地域の復興に向けて奮闘している様子がテレビで報道されたのを見て、地域に根差した信金との協業を目指すアイデアが生まれた。その後、三菱商事と気仙沼信金との間で協議が重ねられ、二〇一二年三月に三菱商事復興支援財団を設立。気仙沼信金の営業地域で、事業再建や新規事業立ち上げを目指す事業者向けの出資が目指される。

その第一号案件は、陸前高田市の案件になるが、ホテル再建事業・キャピタルホテル1000への出資で、二〇一二年八月に契約調印に至っている。このホテルは震災前から陸前高田市のシンボル的な建物であり、多くの雇用も創出していた。また、今後は出資支援に対する配当金の受け取りが期待されるが、この配当は地元の自治体へ再配分するスキームとなっている。気仙沼市でも同様に複数の案件が取り組まれている。水産加工の過程で出る魚のアラなどの残滓処理を行い畜産用の資料を製造する三陸飼料、市内唯一のケーブルテレビ局として災害放送の役割も担う気仙沼ケーブルネットワーク、未利用の森林資源を用いた循環型バイオマスエネルギー事業の確立をとおして地元経済の活性化を図る気仙沼地域エネルギー開発への出資が実行されている。

気仙沼市で複数の案件が取り上げられたのを受けて、三菱商事復興支援財団と気仙沼信金は、二〇一三年二月に気仙沼市と共同で、「気仙沼きぼう基金」の設立に至っている。これにより、三菱商事復興支援財団が資金支援を行った気仙沼市内の事業者が配当を行うまでに業績を回復させた場合、三菱商事復興支援財団はその配当をきぼう基金に寄付するスキームを確立した。基金に寄付された資金の具体的な活用方法は決定されていないようだが、気仙沼市が運営メンバーとして参画している基金であり、地域のために活用されることは間違いない。この結果、出資などの資金支援を受けた事業者は、自社が復興を果し配当することで地元に資金貢献ができることになる。地域企業としての事業者のモチベーションを向上させるスキームになっている。

気仙沼しんきん復興支援基金による新たな段階の支援

地域外の有力団体との協業により、復興を目指す地域の新たな動きに資金供給を図る気仙沼信金の取り組みは、さらに新しい段階へと進んでいる。二〇一三年には、三菱商事復興支援財団と日本財団からあわせて五億円の資金拠出を受けて、「気仙沼しんきん復興支援基金」を立ち上げた。

ここまでみたとおり、震災前から地域で中核的な役割を担ってきた事業者に対しては、復興支援ファンド「しんきんの絆」や三菱商事復興支援財団による事業再生投資が行われてきた。その一方で、規模は小さくとも地域の復興を志す小規模事業者を含む社会企業家に対しては、三陸復興トモダチ基金による助成が行われてきたが、先にみたとおりその財源は底をつきつつある。

復興に向けて立ち上がりつつある今日であるからこそ、地域の復興に必要な領域はより広範に渡り、またその一つひとつの領域は極めて狭いがゆえに社会企業家などの活躍に期待するところが大きい。しかしながら、こうした挑戦をする社会企業家などは銀行貸出の対象にはなりにくい。したがって、気仙沼ではまだまだファイナンスにおける助成事業の役割が大きく、気仙沼しんきん復興支援基金がそれを担うことが期待されている。

気仙沼しんきん復興支援基金では、以下の三つの制度を設けている。第一は事業者向け利子補給制度「みんなの元気」、第二はソーシャルビジネス等支援助成制度「みんなの笑顔」、第三は産業復興支援制度「みんなの希望」である。向こう三カ年で、「みんなの元気」「みんなの笑顔」の合計で四億円、「みんなの希望」で一億円の予算が組まれている。二〇一四年五月までの実績をみると、「みんなの元気」では、八八件の利子補給が実施されており、その対象となる融資額の合計は三三億円という。「みんなの笑顔」では、一般社団法人気仙沼工房・藍、ピースネイチャーカンパニー、特定非営利活動法人ピースジャムの三団体が取り組むソーシャルビジネスに対して、合計四〇〇万円の助成が二〇一四年六月に公表されている。

「みんなの希望」は、市役所や商工会議所が持つ既存の支援メニューでは取り組みにくいものの、地域全体のプログラムとして取り組むべき事業を対象としている。地域全体で取り組むべき事業とは、地域の事業者に共通する弱点を克服する事業が候補となるが、不公平感を持たれることなくそれを選定することが求められる。困難に立ち向かう地域の事業者に数多く接してきた気仙沼信金は地域の信頼を得ている。このことは公平な選定が可能な立場にあることを意味するが、水産加工業者などの販路開拓支援を地域で取り組むべき課題と定めている。

三　最先端の金融機能確立を目指して

震災直後の金融問題は、二重債務問題への対応がクローズアップされたように、被災により自己資本を毀損した企業の復興を支えるための事業再生金融が求められた。その後三年強が経過し、気仙沼のように沈降した土地の嵩上げをはじめとするインフラ面の復興計画がなかなか定まらなかった地域でも、企業の活動は少しずつ回復してきている。こうした地域の動きを受けて、地域の社会生活で生じる諸問題の解決も求められるようになり、ＮＰＯやスモールビジネスといった形態でこれを目指す新たな社会企業家が出現してきている。

他方、被災した地元企業の多くは、例えば量販店向け販路から新たな販路の開拓を迫られるといったように、震災前とは異なるビジネスモデルへの転換に挑戦する企業が少なくない。彼らはなぜ被災地という厳しい環境下で新たな挑戦に取り組むのか。その理由は多くの企業は地域への強い思いを抱いているからであろう。この思いが、水産関連産業の連携（コンプレックス）の維持や地域の雇用確保、そして地域経済の活性化につながる。とはいえ、被災地で新たなビジネスモデルに挑戦するのは苦難の道にほかならない。この点を考えると、彼らもまた社会企業家といえる。

これら二つの社会企業家のいずれも、経営資源が不足している。よって、地域の復興を担う社会企業家がカネ、ヒトを円滑に確保できるシステムをいかに構築するかが重要な課題となる。このシステムをうまく動かせるポイントは、地域の共通課題を認識した地域金融の担い手がいかに機能できるかにかかっている。

NPOファイナンスへの挑戦

先にみた前者の社会企業家にあてはまるNPO向けファイナンスは、日本では必ずしも確立されていない。NPOは利益を追求しない組織ゆえ一般企業でいう内部留保を高めるような行動はとらないため、寄付金などで返済不要な資金調達は目指すものの、自己資本に相当する資金も多くは保有していない。したがって、民間金融機関の立場からみると、長期貸出は難しく、年度末に行政から入金される受託事業資金受け取るまでのつなぎ資金といった、返済原資の確保が確実な短期貸出でないと検討は難しい。しかし、寄付金、助成金、返済負担の少ないクラウドファンディングといった資金をまとまった金額で調達できていれば、短期貸出を実行する際のハードルはもう少し下がる可能性はある。

また、一般企業の自己資本増強に相当するようなNPOの資金調達手段が日本では限定的であるため、民間金融機関はNPO向け貸出を追求するインセンティブが低い。しかし、地元の担い手としてNPOへの期待が大きい地域で活動する気仙沼信金は、NPOファイナンスに取り組むインセンティブは小さくない。したがって、気仙沼信金が地域外の有力団体と取り組んでいるような資金拠出ルートがより拡大すれば、金融機関からNPOなど社会企業家への貸出は増加することが期待される。こうしたシステムを構築できれば、日本で初めての取り組みとなる。

新たな金融システム構築に向けて

資金余剰主体から不足主体へ資金を融通する金融は、金融機関をはじめとする仲介者が入ることで効率的な資金の配分が可能になるが、仲介者は、案件審査を行ってリスクを把握し、自らが調達した資金の出し手が求めるリターンに見合った回収が可能と判断した場合に資金を拠出する。それゆえ例えば、預金を原資とする貸出がとれるリスクは限定的なものになる。右肩上がりの経済成長を前提とする戦後の日本では、不動産担保を徴求するなどして許容できるリスク量を拡大してきたが、以前ほどの成長が期待できない今日では、このシステムは機能しない。一方、被災地で取り組みが必要とされる事業は小規模であるもののそれぞれの事業リスクは決して低くない。したがって、貸出での対応は難しくなるが、貸出が機能しないと嘆いていても地域の復興にはつながらない。そこで気仙沼では、日本全体の金融システム改革の進展とは独立して、独自の金融システムの構築を目指しているようにみえる。

気仙沼独自の金融システムでは、貸出では取り難いリスクに挑戦する。高いリスクを取るためにはより高い情報分析力が必要となり、資金回収の懸念が生まれた際には、それを資金の取り手へのガバナンスを強めて回収不能にならないように努めねばならない。そのためには、先にみたように業務支援の能力を引き上げることが必須になる。言いかえれば、「支援」という言葉が示すように、金融が事業者に対して第三者的な立ち位置にいるのではなく、事業者とともに苦闘する姿勢が必要であろう。

気仙沼信金では、取引先の小規模水産加工会社の商品を箱詰めにしたカタログ販売「気仙沼セット」にも協力している。詰め合わせ商品は手間がかかり一般的には敬遠される形態であるが、敢えてこの領域に入り込んだ。気仙沼信金の中でも、気仙沼商品の販路開拓やPR方法の重要性への理解が深まっている。

事業者や社会企業家の視点に立った踏み込んだ活動を続けることが、金融機関の情報分析力向上につながるのみならず、彼らとの信頼関係もより深まると期待される。また、クラウドファンディングのような全国から資金を募る金融機能とこの地域の信頼関係がつながることで、気仙沼に向かう資金の流れを大きくすることもできよう。地域での信頼関係をより強固にすることが、地域の事業者や社会企業家を支える新たな中小零細企業向け金融、社会企業家向け金融という新風を呼び起こし、それにより力強い地域の復興が達成されていくと期待される。気仙沼で始まった新しい金融システムへの挑戦が今後どのように進化していくか注目される。

（1）津波などで家屋を喪失した預金者の多くは、預金通帳、届出印鑑のみならず、運転免許証や健康保険証といった本人を確認できる書類も紛失していた。これらの何れも持ち合わせていない者が預金払い出しに来店しても銀行実務上は応じ難いが、地域に根差した活動を続けてきた気仙沼信金では、職員と知人である預金者が大半であり、預金者を知る職員を探し出し対面で直接確認するなどして、小口預金の払い出しに応じた。この柔軟な対応が被災地の住人に安心感を与え、その結果、個人の義援金受取口座を気仙沼信金に指定することにつながり、それが気仙沼信金の預金残高増加となっている。

（2）オノデラコーポレーション、八木澤商店については、関満博『東日本大震災と地域産業復興 Ⅲ』新評論、二〇一三年、ヤマウチについては、関満博・松永桂子『震災復興と地域産業 5 小さな〝まち〟の未来を映す「南三陸モデル」』新評論、二〇一四年、を参照されたい。

（3）（1）を参照されたい。

（4）遠山浩「被災地中小企業が求めるリスクマネーの調達」（関満博編『震災復興と地域産業 1 東日本大震

災の「現場」から立ち上がる』新評論、二〇一二年)、同「復興に向けた金融の課題——地域独自の復興金融創設に向けて(関満博編『震災復興と地域産業 2 産業創造に向かう「釜石モデル」』新評論、二〇一三年)、同「本格復興を支える中小企業金融の成立に向けて——岩手県沿岸被災地からの考察」(『専修大学社会科学研究所月報』第五八一号。二〇一一年一一月)、を参照されたい。

(5) ユニクロ復興支援プロジェクトにて資金を拠出している五つのNGOの中には、本章で取り上げている復興企業や社会企業家向けのファイナンスを目指す東北共益投資基金も含まれている。なお、東北共益投資基金では、気仙沼しんきん復興支援基金「みんなの笑顔」での支援を決定したピースネイチャーカンパニー関連のピースネイチャーラボの私募債五〇〇万円を引き受けている。

(6) 遠山、前掲論文を参照されたい。

第3章

被災事業者に「軽トラ」を貸与、仮設住宅に移動販売

——被災地に一〇二台を無償貸与（全国商工会連合会）

関　満博

東日本大震災の翌年の二〇一二年の夏頃から、被災地で「商工会」のシールを貼った箱型の「軽トラック（以下、軽トラ）」を見かけることが多くなった。全国商工会連合会が一〇二台を調達し、被災地の商工会を経由して事業者に無償で貸与していた。被災地では、仮設住宅が不便な場所に設置されている場合が多く、買物に不自由することが少なくない。軽トラの貸出条件は「週に二回以上、仮設住宅に移動販売、宅配等をする」というものであり、その他の時間は自由に営業に使ってよいのであった。事業者自身、営業用の車両を流失し、商品の仕入れ等にも苦慮していた。また、仮設住宅は高台の狭い道路の先に建設されている場合も多く、軽トラはその本領を発揮して通ってくれていた。被災した人びとの生活支援に大きな役割を演じているのであった[1]。

一　「軽トラ市」と被災地への「軽トラ無償貸与」

日本独特の車両とされる「軽トラ」、狭隘な農道でも操作性に優れ、日本の農山村、中山間地域で重大な役割を演じてきた。戦後すぐの頃は三輪車であったのだが、一九六〇年代からは四輪が主流になっている。日本の規格では最大積載量三五〇キロとされ、これまでに色々なメーカーが手掛けてきたが、

現在では、ダイハツ（ハイゼット）、スズキ（キャリイ）、ホンダ（アクティ）、三菱自工（ミニキャブ）の四社が生産し、トヨタ、富士重工にはダイハツがOEM供給、マツダ、日産にはスズキがOEM供給をしている。なお、二〇一三年には三菱が電気自動車仕様（i－MiEV）も発売している。軽トラは日本の農山村の「点景」となるほどに普及している。世界的には各国の規格の問題等もあり、ほとんど用いられていない。

全国で進む「軽トラ市」

「軽トラ市」が開始されたのは二〇〇四年、岩手県雫石市が最初とされている。市内の中心商店街（よしゃれ商店街）の活性化を意図し、地元商工会が主催してスタートした。積雪地帯であることから毎年五月から一一月までの七カ月、第一日曜日の九時から一三時まで開催されている。出店台数は六〇台、年間登録料は一〇〇〇円、毎回の出店料は二〇〇〇円であった。農産物をはじめ、焼き鳥、コーヒー、パン屋等の飲食等も出店している。気軽に開催でき、生産者と消費者のふれあい、産地直送感があり大きな評判を呼んだ。現在、全国の約一五〇カ所で「軽トラ市」が開催されているが、この雫石が「元祖」「発祥の地」とされている。

参加軽トラの数が最大級とされているのが、宮崎県川南町《かわみなみ》の「トロントロン軽トラ市」である。二〇〇五年にスタートし、通年で第四日曜日の八時から一一時一五分まで開催されている。トロントロン商店街約六〇〇メートルに、約一五〇台が参加してくる。来場者は毎回七〇〇〇～一万五〇〇〇人にも及ぶ。もう一つ、愛知県新城市《しんしろ》中央商店街の「しんしろ軽トラ市のんほいルロット」を合わせた三カ所が「三大軽トラ市」といわれている。このしんしろ軽トラ市のスタートは二〇一〇年三月、毎月第四日曜日、九時から一二時三〇分まで開催されている。ここには九〇台が出店してくる。なお、二〇一三年一一月には川南町で「全国軽トラ市サミット連携推進会議」が開かれ、二〇一四年九月に「第一回全国軽トラサミット」が雫石で開催されることが決まった。全国三〇の軽トラ市から軽トラ三〇台が参加し、地元の三〇台の計六〇台の軽トラ市が開催される。日本で独特の発展を示した「軽トラ」は、モノを運ぶだけではなく、興味深い歩みを示しているのである。

宇都宮オリオン通りの“スー爺サンタ”の軽トラ市
(2012.11.11)

提供：全国商工会連合会

軽トラ貸与事業の仕組み

また、「軽トラの父」ともいうべきスズキ会長兼社長の鈴木修氏（一九三〇年生まれ）は「地域産業の発展に軽トラが使える」としており、それを受けて、栃木県宇都宮市の中心的な商店街であるオリオン通りで、二〇一二年一一月一一日には、栃木県商工会連合会が県下の商工会に声をかけ、「震災復興支援〝スー爺サンタ〟の軽トラ市」が参加七一台で開催されている。その後、毎月、栃木県内の各商工会が受け皿になり、順次開催されている。このように、全国的に「軽トラ市」が開催され、地域産業活性化、震災復興支援に一役かっているのである。

今回の東日本大震災の被災地は商工会地区が少なくない。約四〇の商工会地区が被災している。津波被災地の岩手県大槌町では、商工会会員の約二四%が死亡、行方不明となっている。このような事態に対して、全国連として何かできないかが問われ、軽トラ市を行っている商工会から「被災地に軽トラを貸与したら」との提案を受ける。全国連から経済産業省に予算措置を申し入れたが、当初、予算はなく、いろいろな予算をやりくりして、二〇一一年七月に三〇台でスタートした。車両も一部に冷蔵庫をつけたが、大幅に改造されたものではなかった。当初の想定では、軽トラ市的なイベント用と考え、商工会に置いておき、使いたい人に一～二週間単位で貸し出すことをイメージしていた。

実施すると反響が非常に大きく、事業者の復興支援、仮設住宅に向けた移動販売をイメージし、荷台に陳列棚の設置等の改造を加え、また、個別の事業者に貸し出す方式をとり、二〇一二年夏から総台数一〇二台を貸与している。岩手県一〇カ所、宮城県一一カ所、福島県一八カ所、茨城県一カ所、千葉県一カ所の計四一カ所であり、地元商工会三五カ所、地元商工会議所六カ所の会員に貸し出している。

仕組みとしては、車両の調達はレンタルであり、仙台の業務用建機、イベント用品のレンタル業者であるニッケンから全国連が借りる形となる。各商工会が窓口となって会員から希望者を募集し、全国連が会員に貸し付ける。貸し付け条件として、週に二回以上、仮設住宅に移動販売、宅配を行うこととしていた。その実績を各商工会に報告し、全国連に上げていた。

この軽トラ貸与事業、機会の均等からして個別事業者に固定するのはいかがかという議論もある。商工会によってはウエイティングの事業者もいる。そのような事情から、岩手県山田町商工会では、二〇一三年の末には入れ替えも実施していた。事業の期間は未定だが、全国連としては復興の重点期間である二〇一五年度までは実施していく構えであった。

二　被災地で喜ばれている「軽トラ」の移動販売

被災地の四〇を超える商工会地域と商工会議所地域で一〇二台の「軽トラ」が、全国商工会連合会の提供によって移動販売等に従事している。商店街が壊滅し、クルマを失い、高齢化している高台の仮設住宅に居住する人びとにとって、移動販売、宅配は生命線ともなっている。この全国商工会連合会提供の「軽トラ」以外にも、地元のミニスーパーの移動販売、飲食店の惣菜等の移動販売など、被災地には仮設の商店街が形成されたものの[2]、いまだ多くの移動販売車が活躍している。

ここでは、一〇二台の軽トラのうちから三つのケースを取り出し、どのような事情なのかをみていく。

(1) 宮城県南三陸町／仮設商店街の店主が移動販売（マルタケ大衆ストア）

宮城県南三陸町の歌津地区、二〇〇五年に志津川町と合併するまでは歌津町であった。その中心商店街が伊里前《いさとまえ》商店会（三三店）であった。この商店街は海岸の近くにあり、津波で市街地は完全に流失した。商店主一〇人ほどが亡くなり、被災後三分の一が廃業した。住民は高台の仮設住宅で暮らしている。この伊里前商店会でミニスーパーのマルタケ大衆ストアを開いていた高橋武一氏（一九五〇年生まれ）は、自宅兼店舗を流された[3]。

被災後、ＮＰＯアジア協会の支援物資配布を手伝っていると、避難所の人びとからは「店がなくて

高橋武一氏

伊里前福幸商店街と軽トラ（いずれも2013.4.5）

困っている。何をやっているのか」との声が寄せられた。二〇一一年五月頃から仮設商店街の話が始まり、当初から住民支援を意識して計画を作り、被災した従前地の近くに中小企業基盤整備機構による無償提供の七店舗からなる仮設の伊里前福幸商店街を、二〇一一年一二月一三日にオープンさせている[4]。

支援物資配布の頃から、住民の生活支援を強く意識していたが、残されていた資産は避難のときに乗ったクルマ一台だけであった。仕入れや従業員の利用もあり配達等にも事欠いていた。そのような事情の中で、商工会を通じて軽トラを一台借りることができた。高橋氏は仕入れが終わった昼過ぎには食料品に加え日用品などを積み込み、歌津地区の仮設住宅一四カ所に移動販売している。売れ筋は「どこもほぼ同じ」と語っていた。この商工会から借りた軽トラは、仮設商店街のみんなで使っていた。

高橋氏の子息は仙台で別の仕事に就いており、家業に戻る見通しはない。高橋氏のライフワークは「商店街をこの場所で再生する」こと。ただし、住民はこれから高台の恒久的な復興住宅に入っていく。人の住まないこの場所で店が成り立つのかどうか。後継者を期待できない中で、仮設商店街以降の難しい選択を迫られているのであった。

(2) 岩手県山田町／たき火カレーの提供と浜のミサンガ環（仮設飲食店やまだ駅）

岩手県山田町は宮古市と大槌町・釜石市に挟まれ、人口一万七〇〇〇人の漁業、水産加工業を基幹産業とする小さな三陸の町であった。そして、大津波で市街地はほぼ流失した。この山田町では、二〇一二年秋頃から土地の嵩上げを待たずに、仮設の商店、飲食店が浸水域に立ち上がり始めている。そのような状況の中で、自らの手で仮設飲食店を立ち上げ、移動販売に従事するなど、復興の多様な側面で活動している人物がいる(5)。

斎藤秀喜氏（一九五七年生まれ）は山田町生まれ。高校卒業後、東京のデザイン専門学校に学び、二三歳で帰郷している。家業は靴屋であり、母が小売店を経営、父は靴職人であった。しばらく家業の手伝いをしていたが、バブル経済崩壊後の一九九三年を境に売上額が減少していった。その頃、建築ブームが始まったことから、斎藤氏は盛岡で建築関係の修業をし、一九九五年に建築の外装の仕事を始める。事業は順調に進み、二〇〇四年の頃には従業員一三人ほどになったのだが、二〇〇五年の頃から建築関係は悪化していった。そのため、二〇〇九年には飲食業にも踏み出し、JR陸中山田駅前で立ち飲み屋を始めている。

今回の津波では自宅兼靴屋、外装の店、山田駅前の立ち飲み屋の全てが流失した。これを機会に靴屋は廃業した。ただし、復興特需により外装の仕事は忙しく、現在、従業員七人で対応している。このような状況の中で、斎藤氏は「浜のミサンガ環《たまき》」の事業と仮設飲食店「やまだ駅」を立ち上げてきた。「浜のミサンガ環」とは、津波被災以来、男性はガレキ処理などの仕事はあるが、女性には仕事がない

斎藤秀樹氏（2013.1.27）

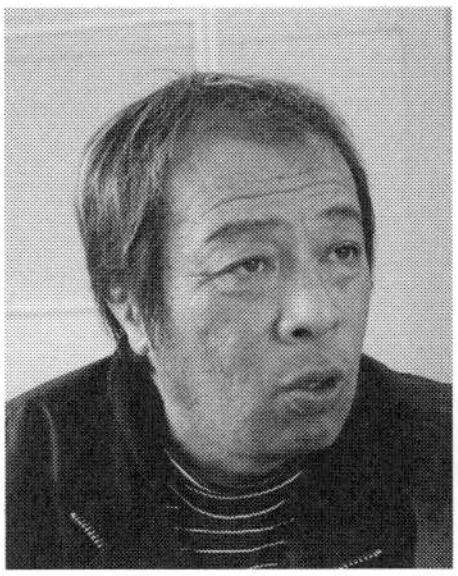

斎藤氏の経営する仮設飲食店「やまだ駅」（2012.10.11）

斎藤氏が借りている軽トラ（2013.1.26）

ことに着目し、津波によって破壊された漁網を使い、「浜のミサンガ環」と銘打った手作りアクセサリーを生産販売する事業である[6]。避難所や仮設住宅でもできる仕事であり、販売価格は一一〇〇円、生産者の手取りは五〇〇円強、三陸の被災した約二〇〇人の女性たちが携わっている。斎藤氏は山田・大槌グループ（一五人）のリーダー的役割を演じていた。

　さらに、山田町に対しては大阪の有志による支援団体の「たき火カレー」が、二〇一一年六月一一日から月二回のペースでキッチンカーでやってきて、たき火カレーを無償で提供していた。被災して職を失った人に起業を促すものであった。斎藤氏もそれに刺激され、その後、二〇一二年五月一一日に仮設の飲食店「やまだ駅」を自力でオープンさせている。やまだ駅のたき火カレーはサラダ付きで五〇〇円であった。

このような枠組みの中で、斎藤氏は山田町商工会を通じて軽トラを一台借りている。月に二〜三回は、たき火カレー五〇食分を作り、仮設住宅を回り温かいカレーを三〇〇円で提供していた。仮設住宅の人びとは、火災や臭気を気にして火を使わない場合も少なくない。さらに、仮設住宅で浜のミサンガ環の作業している女性たちに対して、材料供給、製品の回収などにも利用しているのであった。

(3) 福島県楢葉町／原発二〇キロ圏で最初に再開した食品スーパー（ネモト）

二〇一二年八月に避難指示解除準備区域に再編された原発避難区域の福島県楢葉町では、人は一人も住んでいないのだが、除染作業員が毎日三〇〇〇人ほど入っている。さらに、除染作業員七〇〇人ほどが、オフサイトセンターの許可を取って、Jヴィレッジの宿舎、あるいは新設された作業員宿舎に居住している。このような事情の中で、除染作業員への食品提供を意識して、地元食品スーパーの「ネモト」が、従前地で二〇一三年五月一〇日に被災前の三分の一ほどの規模で再開した。[7] 原発二〇キロ圏で最初の食品スーパーの再開であった。

被災前には、本店の井出地区の店「Vチェーン・ネモト」と、もう一つ、南の木戸地区の「マミーズ」の二店舗に拡大していた。従業員は両方で五〇人強であった。三月一一日の午後、社長の根本茂樹氏（一九六一年生まれ）氏はマミーズにいた。震度五強の揺れは大きく、棚の商品は一〇%程度が落下し、散乱した。ただし、二店とも建物に被害はなく、翌一二日にはいつも通り九時に開店した。そして、

根本茂樹氏（2013.5.8）

上荒川仮設住宅に寄り添うふれあい広場のネモト
（2013.5.9）

一一時三〇分に避難指示が出て、根本氏はいわき市に避難した。

原発事故以来、その収束に向けた作業員が全国からいわき周辺に集まってきた。このような事情の中で、根本氏は早くも二〇一一年五月には、楢葉町の南の広野町の作業員宿舎に売店をオープンさせた。さらに、二〇一二年の夏になると、楢葉で本格的な除染が開始される。それを受けて、作業員宿舎となっていたサッカーの殿堂であったJヴィレッジの中に二〇一二年八月には売店をオープンさせている。

また、楢葉町はいわき市内に大規模な仮設住宅を二カ所設置しているが、それらの住民の生活支援のための商店・商店街形成が意識され、地元の有力スーパーであった根本氏に町役場と商工会から打診が寄せられる。根本氏は上荒川仮設住宅（二四一戸）に隣接する仮設商店街（中小企業基盤整備機構の無償貸与事業）の中心的な担い手として八事業者による「ふれあい広場」を二〇一一年一二月にオープンさせている。ネモトの仮設店舗のバックヤードは惣菜や弁当の製造を行える施設になっており、店舗には惣菜、弁当、野菜、日配品、雑貨などが所狭しと置かれていた。

二〇一三年に入ると、楢葉のネモトの本店のあたりは除染も進み事業再開の条件が整ってきた。こうした点を受け止め、開店を五月一〇日と決めた。客は除染作業員と見定め、生鮮、雑貨は扱わず、弁当、日配品、ジュース、酒、カップラーメンなどを主軸に「Vチェーン・ネモト」をスタートさせた。食品系の一定規模のスーパーが再開するのは、楢葉ばかりでなく第一原発二〇キロ圏では初めてであった。

また、全国商工会連合会の軽トラ事業により楢葉町商工会には四台が貸与され、うち二台をネモトが借りている。週に二回、仮設住宅に移動販売・配達する。その他は、営業用に利用できる。ネモトの仮設店舗の惣菜、弁当生産の能力は高く、一〇人ほどの従業員が携わり、受託しているJヴィレッジの売店での販売、楢葉で再開している事業者への弁当供給にも従事していた。さらに、この軽トラックを用い、除染作業員宿舎や仮設の幼稚園、小中学校にも食材を提供しているのであった。

三　軽トラ事業からみえてきたもの

全国商工会連合会の「軽トラ」貸出事業は、事業者の復興支援、仮設住宅の人びとの生活支援を意識して提供されている。車両を失った事業者にとって、軽トラの提供は時宜を得たものであった。特に、地元のミニスーパーなどの食料品店は、仮設住宅への移動販売の重要性を痛感し、軽トラがそれを支えることになった。移動手段を失った被災者にとって、移動販売は生活を支える「生命線」として機能した。

三陸の水産業基地である被災地の場合、従来から鮮魚の行商などで移動販売は普通に行われていた。

また、楢葉などの原発被災の福島県浜通りのあたりは交通条件の芳しくない中山間地域も多く、食料品店の配達などが行われていた。このような事情から、移動販売、宅配などが浸透している地域でもあった。

また、楢葉などの原発被災地の場合、いわきを中心にした周辺地域に避難し、見知らぬ土地で仮設住宅生活を送っている。その仮設住宅のあたりは店舗もなく、移動販売に頼るしかない人びとも少なくない。自ら避難しながら、仮設住宅に寄り添って設置された仮設店舗をベースに、散り散りになった避難者の生活を支えるものとして軽トラは重要な役割を演じていったのである。

さらに、楢葉町のように住民は住んではいないものの、除染が大規模に行われているところもある。その除染作業の人びとへの弁当や食材の供給に向けて、軽トラが活躍していた。軽トラを利用している事業者も、移動販売、宅配を重ねながら、故郷への帰還、従前地での事業再開に向けていた。このように、全国商工会連合会が提供した「軽トラの貸与事業」は、被災した事業者の復興への足掛かりとなり、また、不便を余儀なくされた仮設住宅に暮らす人びとに大きく貢献するものであった。

これから被災地では、住宅の高台移転、生活の再建、中心市街地の整備等が推進されていく。中心市街地とかなり離れた高台の住宅という配置になり、また、高台の住宅街の高齢化が予想される。そのような中で、人びとの生活の利便性をどのように確保していくのか。被災後に経験した移動販売、宅配などが、また新たな形で必要になってくるであろう。人口減少、高齢化に向かう全国の地域にとって、この軽トラ事業を通じてみえてきた課題も少なくないのであった。

（1）全国商工会連合会の「軽トラ貸与事業」については、全国商工会連合会『復興軽トラ』二〇一三年一月、に概要がまとめられている。
（2）被災地に設置された仮設商店街については、関満博・松永桂子編『震災復興と地域産業 4 まちの自立を支える「仮設商店街」』新評論、二〇一三年、を参照されたい。
（3）マルタケ大衆ストアの被災とその後については、全国商工会連合会、前掲書、に詳しい。
（4）伊里前福幸商店街については、松永桂子「津波被災地域の『仮設商店街』の取り組みと行方」（関満博・松永桂子『震災復興と地域産業 5 小さな〝まち〟の未来を映す「南三陸モデル」』新評論、二〇一四年、第6章）を参照されたい。
（5）山田町の被災と復旧・復興の全体像については、関満博『東日本大震災と地域産業復興 Ⅲ』新評論、二〇一三年、第1章を参照されたい。
（6）この「浜のミサンガ環」については、関満博『東日本大震災と地域産業復興 Ⅰ』新評論、二〇一一年、第7章、本書第11章を参照されたい。
（7）楢葉町の事情とネモトについては、関、前掲『東日本大震災と地域産業復興 Ⅲ』第3章を参照されたい。

第Ⅱ部

地域の交流・復興支援

第4章　岩手県釜石市／活動の拠点化と広がり

――ネットワークを結ぶ（三陸ひとつなぎ自然学校）

新張英明

一般社団法人「三陸ひとつなぎ自然学校」（略称「三つな」）は、二〇一二年五月から、岩手県釜石市で本格的な活動を開始した。東日本大震災発生から一年余りが経過し、産業、生活など様々な場面で本格的な復旧が始まった時期であった。

以来、被災体験を伝える防災ツーリズムの受け入れ、再建に向かう漁業者の支援、仮設住宅での子どもたちの居場所づくり、食をはじめとする地域資源を活用した地域活動の支援などに取り組んできた。これらは、被災現場での多様なニーズとボランティアに代表される内外の支援を結びつけるコーディネーターとしての活動であり、行政の手が届かない、あるいはその対応が手薄となっている分野での取り組みでもあった。さらには、震災前の仕事の経験を生かした自然体験活動の実践など地域に根ざした取り組みでもあり、こうした活動は今日まで継続されている。

震災発生から三年半が経過し、釜石市における復興への動きは、これまでの復旧中心の対応から、住宅や集落の再建など本格復興を具体化するステージに入りつつある。「三つな」は、被災住民や地域住民、ボランティア、行政などこれら関係者の中間に立ち位置をとり、復旧段階での様々なニーズや課題に対応した活動を行ってきた。引き続き今後も、本格復興への道筋や流れを踏まえ、これまでの実績や成果、課題を改めて点検するとともに、知識や経験、行動力、人脈を最大限活用しながら新たなチャレンジを行っていくことが望まれる。このことは、復興を下支えする社会的な役割を担う団体として、その存在価値を高めていくことになろう。

ここでは、被災から三年半が経過する中で、活動拠点を置く釜石市での復旧・復興の状況と、その中で「三つな」がチャレンジしてきた取り組みを紹介する。

一　釜石市の復旧・復興の概要

釜石市では、復旧・復興の進捗状況を各方面と共有するため、『復旧・復興の歩み』及び『かまいし復興レポート』が定期的に発行されている。これらをもとに、これまでの経過や現在の状況を概観すれば、表4－1のとおりとなる。

主要指標でみる復旧・復興の進捗状況

このうち、主な指標についてみると、「人口」では、被災直後の大幅な転出超過はなくなり、この期間の減少数の約七割は、死亡者数が出生者数を上回る自然減で占められており、少子高齢化による人口減の様相がより鮮明となっている。

「自力再建世帯数」は増加傾向にあるが、まだ被災世帯全体の二〇%と依然低い水準にあり、その内訳は、市内の他地区四三%、市外三二%、従前地区二五%と被災地再建の遅れが反映された結果となっている。

表4—1　釜石市における復旧・復興状況（主要指標による比較）

区　分	指標①	指標②	指標年月①／②	参考事項
人口（住民基本台帳人口）	36,542	38,457	2014年10月／2012年5月	2011年2月　39,996
応急仮設住宅入居戸数	2,262	2,798	2014年10月／2012年4月	仮設住宅戸数3,158
同住宅応援職員等入居戸数	418	266	2014年10月／2012年4月	
住宅自力再建世帯数	838	669	2014年10月／2014年1月	被災世帯数4,009世帯
復興公営住宅建設済み戸数	237	54	2014年10月／2013年9月	計画戸数1,342戸
同住宅工事発注済み戸数	708	393	2014年10月／2013年9月	同上
復興事業費配分済額（億円）	834.6	507.0	2014年5月／2013年2月	
復興事業用地買収面積（㎡）	575,592	17,798	2014年10月／2013年5月	買収予定面積102.2ha
ボランティア受入数（人）	1,078	5,297	2014年8月／2011年8月	1ヶ月当たりの人数
有効求人倍率	1.16	1.52	2014年4月／2013年11月	
被災農地復旧面積（ha）	17.0	8.3	2014年5月／2013年5月	冠水農地面積53.0ha
釜石魚市場水揚高（億円）	18.4	16.8	2013年度／2012年度	2010年度28.6億円
仮設店舗入居数	207	217	2014年5月／2012年5月	
観光客入込数（人）	505,306	263,741	2013年／2011年	2010年　1,034,690
漁船整備数（隻）	1,076	890	2014年1月／2012年3月	
釜石市への官民応援職員数	123	103	2014年4月／2013年10月	市職員数412（2014.4）
災害廃棄物処理（万t）	94	20.8	2014年3月／2013年3月	2014年3月処理完了

資料：釜石市

「仮設住宅入居者数」の推移では、自力再建者の増加や完成した復興公営住宅への転居により減少傾向に入っている。反面、民間企業や他の自治体からの派遣職員数が増加しており、この分の入居率が高まっている。

次に、復興事業関連のうち、資材や労務費の高騰などにより入札不調が続いてきた「復興公営住宅」の建設では、最近になって発注戸数が増加しているが、建設済みと工事発注済みを合わせた戸数は計画戸数の七割となっている。

また、復興事業の推進で最もポイントとなる「復興事業用地」の取得では、担当職員の増員など組織強化により、一年前との比較では取得面積が大幅に増加しているが、取得予定面積の五八％にとどまっている。釜石市では、新市庁舎建設を計画しているが、その対象地区では、代替地の確保が容易ではないことなどから用地交渉が進まず、建設場所の見直しを迫られる結果にもなっている。土地が狭隘な釜石では、事業用地を確保することが最後まで課題として横たわっている。

このほか、産業雇用面では、有効求人倍率は引き続き高い状態にあるものの雇用のミスマッチが依然として続いているほか、魚市場の水揚高や観光入込数では回復基調にあるとはいえ、震災前の水準の半分程度にとどまっている。

こうした復旧・復興事業の推進のため、釜石市では外部からの応援職員を受け入れているが、その依存割合は全職員の四分の一強を占めるものとなっている。

このように、主要指標をもとに現況を概観すれば、各方面で復興に向け徐々に成果や実績を積み重ねてきてはいるが、総じて本格復興への道のりはまだ長く、そして刻々と変わる様々な局面においても新たな課題が生じており、厳しい状況が続くものと想定される。

新たな局面を見据えた取り組み

こうした中で、震災発生から丸三年となる二〇一四年の春を迎え、釜石市では明るい話題が相次いだ。三月には、市中心部の釜石東部地区に、大型商業施設「イオンタウン釜石」がオープンした。隣接地には、同時期に開業した市営駐車場に加え、今後は地元店を中心とする商業施設や市民ホールなどの建設が予定されている。また、こうした動きに呼応して周辺部では、被災した金融機関の移転新築や既存商店の再建が進んでおり、徐々にではあるが新たなまち並みや人の流れが形成されつつある。

翌四月には、復興のシンボルの一つと言われる「三陸鉄道南リアス線」が五日に、同「北リアス線」が六日に完全復旧するなど、復興への確かな歩みを多くの人びとが実感した。

反面、同じ四月には、六六団地ある仮設住宅団地を、約三分の一の二一団地に集約する釜石市の計画案が公表されている。自力再建や復興公営住宅への転居による入居者の減少に加えて、仮設住宅用地となっている公共用地を新たに活用する土地利用計画が浮上していることが背景にある。

引き続き、仮設住宅団地では、生活支援や住宅管理などを効率的に行うことは大切であるが、集約により新たな移転対象となる入居者は、これまで築きあげてきた個々の暮らしやコミュニティを再構築しなければならず、こうした負担解消への支援の枠組みが必要となる。同様に、市内各所に完成する復興公営住宅では、高齢者世帯や一人暮らし世帯の見守り対策をはじめ、当面の生活の安定化に向けた支援が求められる。

一方、小規模な漁業集落では、復興まちづくり事業による用地造成完了とともに、住宅再建や集落の再建が本格化する。被災した集落の大半では、震災前の規模を下回る小規模化やこれに伴う高齢化が見込まれ、集落を持続的に維持していくための様々な機能や枠組みをどういった形で構築していくのかが課題となってくる。

このように、被災者の暮らしの面だけをみても、これまでの応急的な対応に加えて、本格的な生活再建対策を同時平行的に、かつ広範な地域で進めなければならないという新たな局面を迎えることになる。さらに、人口減対策や地域全体の活力づくりには、雇用対策、交流人口対策、医療福祉の充実、将来を担う子育て対策など実施可能な政策を総動員していかなければならないが、現状の行政や地域の対応のみでは自ずと限界がある。

震災発生直後の混乱した時期には、多くのボランティアの協力を必要してきたが、今後の「応急」と「本設」とが入り混じり、長期的な対応が望まれる局面では、多様な知識や経験、技術を有するＮＰＯや社会企業家が、息の長い取り組みとして生活局面や地域づくりなどの支援に加わることが必要となってくる。

入居が始まった県営平田住宅（後方）と仮設団地（手前）（2014.6.25）

二　被災を乗り越え「三つな」始動

「三陸ひとつなぎ自然学校」は、こうした復旧から復興への流れが少しずつ変化を遂げる中で、そこで発生しているニーズや課題を汲み取り、幅広い領域で活動を展開してきた。その活動にあたっては、「地域のあらゆる資源を活用し、住民との交流を通して長期的に被災地を支える基盤づくりを行うこと」を目的としてきた。

若い二人が中心となって推進

設立の中心となったのは、地元出身の伊藤聡氏（一九七九年生まれ）と柏﨑未来さん（一九八五年生まれ）の二人である。伊藤氏は、勤務先の釜石市鵜住居《うのすまい》町根浜地区にある民宿・旅館「宝来館」で被

防災ツーリズム／津波襲来時の様子を説明する伊藤氏
(2014.5.30)

災した。避難した裏山で、足元まで達する津波を目の当たりにし、改めて津波の恐ろしさを痛感した。柏﨑さんは、鵜住居町に隣接する片岸町の実家が被災し、急遽北海道から帰郷した。北海道での勤務先だったNPO法人「ねおす」[1]は、柏﨑さんの帰郷に合わせ釜石市にスタッフを送り込み、避難所や仮設住宅で精力的に被災者支援の活動を続けた。この過程で伊藤氏が合流し、「ねおす」の支援のもとで二人の活動が始まった。

震災前、伊藤氏は「宝来館」のスタッフとして、漁業体験など地域の資源を活用した体験活動に取り組んできた。柏﨑さんは、「ねおす」で子どもたちを対象とした自然体験活動に携わってきた。こうした知識や経験が、震災後の二人の活動のベースとなっている。伊藤氏は、被災地入りしたボランティアと被災地の現場をつなぎ、また地域住民との交流の橋渡し役を担った。柏﨑さんは、仮設住宅などで、支援団体などと連携し、放課後や休日での子どもの居場所づくりに取り組んだ[2]。

この年の秋には、内閣府の支援事業に採択され、それぞれの思いを具体化する機会を得た。伊藤氏は、被災地支援に訪れたボランティアを対象に、地域のよさをPRする体験ツアーを実施した。参加したボランティアが、やがてリピーターとなって足を運ぶようになり、新たなつながりができつつある。柏﨑さんは、郷土料理に関心をもつ女性グループと連携し、食の新たな魅力づくりに取り組んだ。視察した地域の料理や味を上回る素材が地元にあることを再認識し、新たな活動への自信と意欲につながった。二人が、このような取り組みを通して、今後進むべき方向性を見出せたことが、「三陸ひとつなぎ自然学校」の結成、そして活動展開へと結びついた。

人と地域をつなぐ多彩な活動の展開

「三つな」は、同市鵜住居川上流部にある橋野町内の旧保育所を事務所としている。ここを拠点に、活動は大槌湾岸の鵜住居、箱崎及び片岸地区から、鵜住居川上流部の橋野地区までの海、川、山が広がる空間で展開されている。これらの地区には、白砂青松の根浜海岸、橋野高炉跡など近代製鉄関連の史跡や『遠野物語』にも出てくる民話など、豊かな自然や歴史、生活文化など様々な地域資源がある。「三つな」は、こうした地域の特性を踏まえ、地域の人びとと連携した活動を続けてきた。その主な活動実績は、表4－2のとおりである。

自然体験活動中の柏﨑さん（右）（2013.10.19）

三　成果の実感と見えてきた課題

「三つな」が掲げた活動の目的は、地元の資源を生かし、住民相互の交流を図り、復興に向けた基盤づくりを行うことだった。これまでを振り返る中で、二人は、「日々の活動を通して、確かな手ごたえを

表4—2　三陸ひとつなぎ自然学校の活動実績概要（2012年4月～2013年3月）

プロジェクト名	概要
地域復興ツーリズムプロジェクト	ボランティア活動と地元の体験・見学ツアーを実施し、釜石のファンやリピーターをつくりだす活動など（実施回数：65回　延参加者数：1,606人）
子どもの居場所づくりプロジェクト	仮設住宅などで、放課後の子どもたちと宿題をはじめ、室内外での様々な遊びやゲームの実施など（実施回数：169回　延参加者数：1,165人）
地域の食プロジェクト	海と山の食材による「お母さんの手づくり弁当」の提供と郷土料理の研究や体験教室の開催など（実施回数：93回利用者数：1,602人）
釜石第一次産業復興支援プロジェクト	被災した漁港での土嚢（養殖施設用の重し）づくりや里山での農業体験による農作業支援など（実施回数：84回　活動者数：586人）
ちから仕事プロジェクト	ボランティアによるガレキ撤去、支援物資の搬送、民家補修、草刈や流木撤去の実施など（実施回数：70回　活動者数：978人）
交流の場・にぎわい創出プロジェクト	仮設商店街や産直での大学生やボランティアによる、賑わいの場づくりや交流イベントの開催など（実施回数：36人　参加者数：962人）
地域資源見直しプロジェクト	大学生による地域資源調査と結果を活用した新たな体験ツアープログラムの企画検討など（実施回数：11回　活動者数：37人）

注：この他、「復興プロセス記録プロジェクト」「地域社会起業育成支援プロジェクト」「三陸ひとつなぎ自然学校基盤強化プロジェクト」を行っている。
資料：三陸ひとつなぎ自然学校から提供された資料に基づき、筆者が作成。

感じている」と語っている。被災した漁業者支援では、牡蠣の生産に取り組む漁業者とボランティアをつないだ。牡蠣の殻についたフジツボ取りなどの作業が主であるが、人手が足りない中で、その後の順調な出荷に結びついた。養殖業の再開に向けては、ボランティアに養殖いかだの重しとなる土嚢づくりに携わってもらった。また、こうした場は、企業の若手社員の研修機会として活用され、個々のモチベーションを高める場となった。

女性を中心とした活動では、「郷土料理を楽しむ会」のメンバーを中心に、新たな食づくりへの意欲が高まった。おふくろの味を提供するお店を開業する人、工房をつくり地元の食材で豆もちやお惣菜づくりに取り組む人が出てきた。また、キャベツと鮭のスライスを組み合わせた「海鮮漬」の生産では、愛知県の民間団体からキャベツが提供された。被災後の新たなつながりによる支援だった。さらに、子どもたちは、地元の海、川、山で季節に応じた様々な遊びや体験を楽しみ、地元の良さを感じ取った。

「三つな」は、いわば「ハブ空港」の役割を担ってきた。外とのネットワークを結び、復旧支援活動の輪を広げ、同時に、地域の魅力を再発見する取り組みなどを具体化してきた。このような地域に軸足を置いた活動は、被災地の復旧復興や地域の自立性、持続性を支えていくうえで、欠くことのできない取り組みでもある。

漁業者支援／牡蠣の出荷前作業（2013.12.25）

一方、様々な活動を通して、課題も見えてきた。「費やした労力が収益に結びつかない」という切実な悩みを抱えている。運営資金は、参加料・体験料、会費収入、助成金などでまかなっているが、助成金への依存度が高い。ＮＰＯなどの活動団体の共通の悩みではあるが、いかに自主財源を確保していくかが課題となっている。また、多様な取り組みを実施する場合、スタッフの充実が欠かせないが、人員増は経費面で運営を圧迫する。このため、今後の運営では、収益面を考慮した事業領域の見直しや重点化を進め、効率的に展開できる体制を構築する必要がある。このほか、安定した活動を継続的に行うためには、事務所の確保も大切である。

四　復興を下支えする活動の展開

被災地では今、中心商店街の再整備や高台移転による住宅再建などの復興事業が本格的に動き出している。同時に、交流人口の拡大に向けた取り組みが、各地で始められている。この背景には、人口減や高齢化が続く中で被災し、その後も人口流出が続いていることへの危機感がある。また、仮設商店街の売上が落ち込む一方で、地盤の嵩上げなどから商業地形成にはまだ時間がかかるため、交流人口拡大への期待がある。

岩手県の沿岸部は、陸中海岸国立公園に指定され、年間を通じ六〇〇万人ほどが訪れている。ただ、その来訪形態は、特定の観光スポットをめぐり、海の幸を味わい、海産物を購入して回る通過型が主流で、立ち寄った観光スポットでの滞在時間は短く、その地域にある様々な魅力にふれる機会はあまりなかった。

来訪機会の変化への対応

こうした流れの中で、小規模ではあるが来訪者を地域に招き入れ、そこでの日常的な暮らしの体験を通して、交流を深める取り組みを行っていた地域があった。

釜石市では、一九九八年にA&Fグリーン・ツーリズム実行委員会が、農林漁業者、宿泊業者及び行政のメンバーにより結成された。泊まりながら漁業と農業を一度に体験できる半農半漁体験が、根浜地区と橋野地区を拠点に行われてきた。参加者は、海や山の幸を堪能し、地元の人の仕事や生活の話に耳を傾けながら交流を楽しんだ。

二〇〇三年には、岩手県田野畑村で「番屋エコツーリズム」が始められ、高い評価を受けてきた。漁師の仕事や生活の場だった「番屋」を拠点に、断崖絶壁の海岸を小型漁船でめぐる「サッパ船ツアー」が人気となった。それぞれ教育旅行などの受け入れも行われており、地元の人びとは、来訪者が喜ぶ姿を見て、地域が持っている良さを改めて実感する機会となった。今後、交流人口の受け入れを考える際には、こうした地域密着型の取り組みがヒントとなろう。

というのも、震災後、沿岸部を訪れる人びとのその目的や行動形態が、大きく変わってきたからである。被災地支援で訪れた人びとは、復旧活動にあたると同時に、訪問先の住民と交流を持つようになった。それは、自分たちとは違う暮らしぶりやそれを支えてきた歴史や文化などにふれる場でもあった。一方、受け入れた地元では、新たな外部との交流をきっかけに、被災からの再建に思いを強くする機会となり、改めて地域を見つめ直す糸口ともなった。

また、NHKの連続テレビ小説『あまちゃん』のロケ地となった久慈市では、久慈広域観光協議会が、今春、来訪者一六〇〇人を対象にアンケート調査を行った。この結果によると、「訪問の目的」では比率の高い順に、「あまちゃんのロケ地」「おいしい海産物」「震災後の復興状況確認」「豊かな自然」「三陸鉄道での旅行」の順となった。復興状況の確認で訪れている人が三位となったように、これまでとは違う目的で訪れる人の比率がますます高まることが予想される。

震災から三年半が経過する中で、被災地やその周辺地域で見えてきた変化である。今後の被災地の再建過程の中では、こうした動向を考慮していくことが大切であり、交流人口の拡大による新たな活力の創出に向け、それぞれの地域らしさを形づくっていく工夫を再建当初から意識しておく必要がある。

被災地再建へさらなるチャレンジを

「三つな」が、これまで行ってきた様々な取り組みは、まさに交流人口の拡大を具体化する活動でもあった。復旧支援のボランティアを積極的に受け入れ、復旧活動にあたる傍らで、地元民とのつながりを作った。訪れた人は、異文化にふれる中で地元の人との会話を楽しみ、提供される食に舌鼓をうった。一方、地元の人びとは、「いいね！」と評価されることで、自信や誇りとなり、次の活動への意欲につながった。このような外部との交流を通した活動は、地域のファンを作る取り組みでもある。リピーターを中心に、相互交流を長続きさせることは、地域を支える機能を持続させることにもつながる。

特に、被災地では、震災以前の規模を下回る小規模分散型で集落の再建が進められ、また主力産業の漁業では、高齢化と後継者不足が同時に進行している。将来に向け、安定かつ持続的に地域を維持していくためには、様々な工夫と努力が必要であり、外部との交流を通した新たな活力づくりは、その一つの方途である。それは、先行事例として上げた釜石市根浜地区及び田野畑村の取り組みが、すでに一定の実績と評価を得てきたことを踏まえてのものである。

この二つの地域の取り組みからは、地元の「日常」は、外部からみれば「非日常」であり、地元で「あたりまえのモノやコト」は、外部には「非常に興味深い世界」に映っているという関係を学ぶことができる。このような両者の接点を、どういう形で具体化するのか、そのきっかけをつくり、目指すべき方向に導く活動を誰が担うのかがポイントとなる。

「三つな」は、地元とのつながりを深める一方で外部とのネットワークを構築し、復旧過程の中で両者の調整役を果たしながら、被災地でのニーズに見合った活動を行ってきた。この間、若い二人の活動を後方から支えたのは、NPO法人「ねおす」だった。この「ねおす」のように、外部の中立的な立場で、知識、情報、技術をもつNPO、社会企業家が支援に加わることで、活動の安定度や充実度の向上に結びついている。

今後、釜石市をはじめとする被災地では、復旧から復興に向かう流れは正念場を迎え、個々の生活再建を包含しながら新たな地域づくりが始まろうとしている。着実に実績を積んできた「三つな」が、これまで連携してきた関係団体とともに、こうした取り組みの一翼を担い、交流人口の拡大などによる地域の新たな活力づくりにさらにチャレンジしていくことが、被災地での本格的な復興を下支えすることになるであろう。

(1) NPO法人ねおすは、北海道自然体験学校NEOSとして一九九二年から活動を開始し、一九九九年にNPO法人化した。限られた自然を保護・保全し、その多様性を次世代に引き継ぐ必要性を多くの人に理解してもらうため、様々な手法による「自然体験活動」を実践しており、農山漁村と都市とを結ぶ交流事業など地域づくり活動も行っている。

(2) 伊藤聡氏と柏崎未来さんの被災後の一年間の取り組みについては、姜雪潔「産業復興・地域創造とNPO」(関満博編『震災復興と地域産業 2 産業創造に向かう「釜石モデル」』二〇一三年、第8章)にまとめられている。

第5章　福島県浪江町／全町民避難のなか、「避難弱者」に寄り添う
――二つのNPO法人の取り組み（コーヒータイム、J・in）

長崎利幸

浪江町は、福島県の東部、太平洋沿岸の「浜通り」の中央に位置する。海と山、川の豊かな自然と、穏やかな気候に恵まれている。二〇一〇年一〇月の国勢調査によると、浪江町の人口は二万〇九〇八人であった。

二〇一一年三月一一日に発生した東北地方太平洋沖地震に伴う東京電力福島第一原子力発電所の事故により、浪江町を含む一一市町村に避難指示区域が設定された。二〇一四年四月一日現在、避難指示区域全体で約二万八六〇〇世帯、約八万人が区域外への避難を余儀なくされている(1)。

浪江町は、町全域が避難指示区域に含まれており、全町民がふるさとを離れ、先の見えない避難生活を強いられている。原発事故の当初より減少したものの、子どもを持つ若い世代を中心に六三七〇人が茨城県、東京都、宮城県、千葉県等の福島県外に避難している。また、福島県内の避難先も、臨時の町役場である二本松事務所が所在する二本松市をはじめ、福島市、郡山市といった「中通り」と、いわき市、南相馬市などの浜通りを中心に広範囲に拡がっている(2)。

二〇一三年一〇月に策定された『浪江町復興計画（第一次）』では、震災から六年後の二〇一七年三月末を目標に、町内での生活環境の整備を進め、希望者の町への帰還を開始するとしている。しかし、町内の本格除染は二〇一三年度後半にようやく始まったばかりであり、先行きはなお不透明である。震

図5—1　浪江町の位置

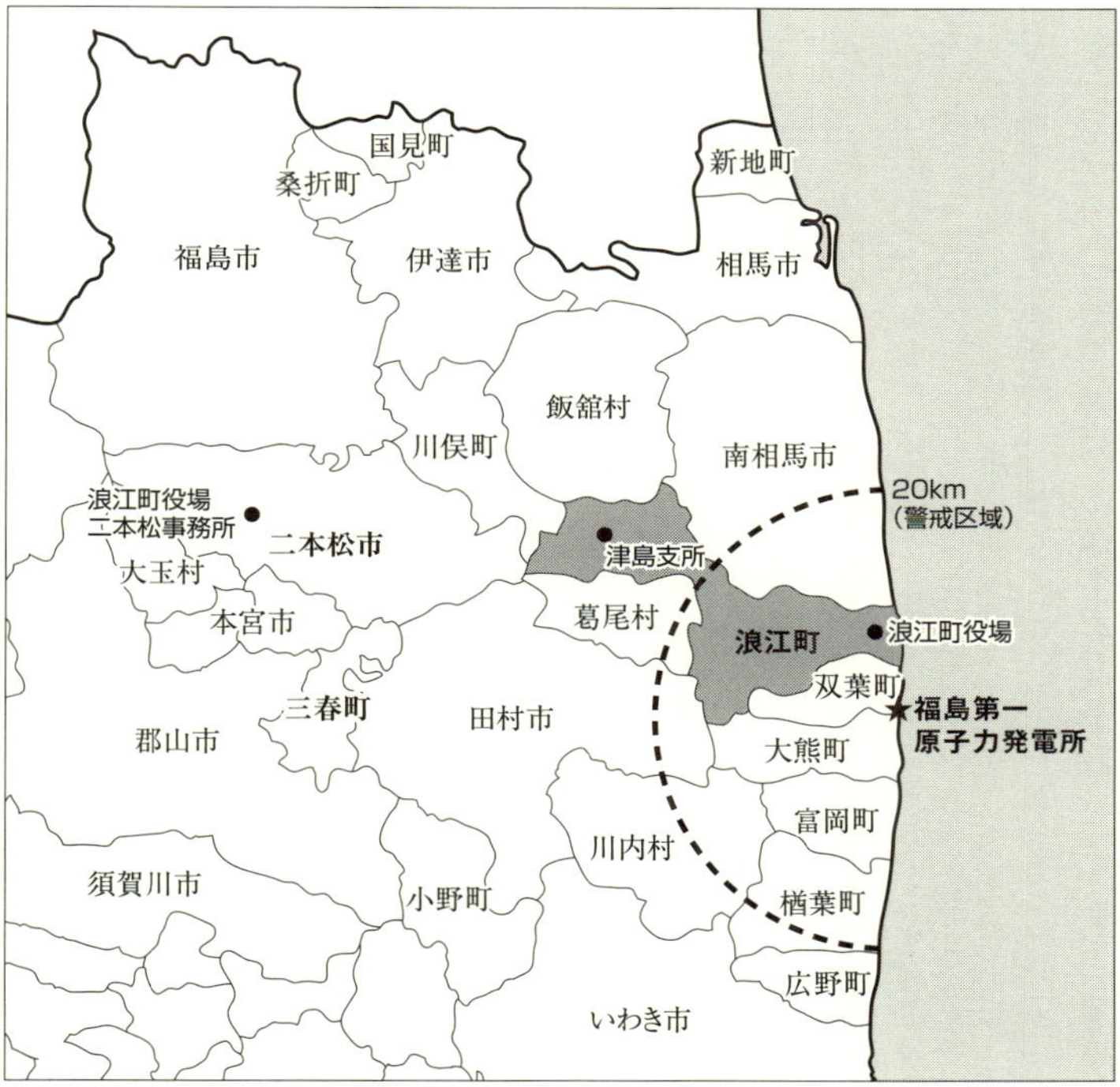
国見町
桑折町
新地町
福島市
伊達市
相馬市
飯舘村
川俣町
南相馬市
20km
（警戒区域）
浪江町役場
二本松事務所
二本松市
津島支所
大玉村
葛尾村
本宮市
浪江町
浪江町役場
双葉町
三春町
田村市
★福島第一
原子力発電所
郡山市
大熊町
富岡町
川内村
須賀川市
楢葉町
小野町
広野町
いわき市

災から三年半が経過し、町民は町へ帰還する日を待つのか、あるいは避難先に定住するのかの決断を迫られつつある。帰還をあきらめ避難先への定住を選択する町民もみられるようになってきている。福島県内外に広く散らばった避難状況と、原子力災害特有の先行きの不透明さが、町民の避難生活を厳しいものとし、同時に浪江町の復興の進展を阻んでいる。

また、原子力災害による全町民避難は、高齢者、障害者、子どもといった「避難弱者」に、とりわけ大きな衝撃を与えた。避難により通常の暮らしができない苦痛は想像に難くない。本章では、「避難弱者」に寄り添い、それぞれのニーズに応じたきめ細かな活動を続ける「コーヒータイム」と「Ｊ.ｉｎ」の二つＮＰＯ法人の取り組みを紹介する。

一　精神障害者の「居場所」つくりに奮闘するコーヒータイム

精神障害者の福祉事業所を運営するＮＰＯ法人コーヒータイムは、震災から半年後の二〇一一年一〇月に事業を再開している。社会との接点に乏しい精神障害者にとってコーヒータイムは重要な「居場所」であり、避難による混乱のなか早期に事業再開された意義は非常に大きい。本節では、精神障害者の「居場所」つくりに奮闘するコーヒータイムの取り組みを紹介する。

震災以前のコーヒータイム

コーヒータイムは精神障害者の福祉事業所を運営してきた。理事長を務める橋本由利子さんが二〇〇三年頃より、ボランティアとして仲間五～六人とともに始めたデイケア事業が前身である。二〇〇六年四月に、浪江町大堀にあった町所有の建物を活用して無認可の福祉事業所を開設している。任意団体では行政の補助金等を受けることが困難なため、二〇〇八年にNPO法人コーヒータイムを設立し、それを契機に浪江町から「地域活動支援センター」の委託を受けた。以降、町からの助成金をベースに活動を重ねてきた。

大堀では喫茶、軽食を提供する「コーヒータイム」を運営するとともに、浪江町のB級グルメであるなみえ焼そばのソース詰め、咲織りによる敷物やコースターの製作、畑での野菜栽培などの軽作業を行っていた。NPO法人に登録した福祉事業所の利用者である精神障害者（メンバー）一五人とスタッフ一二～一三人で切り盛りしていた。

また、二〇一〇年六月には、浪江町の中心商店街である新町通りに開設された地域交流センター「ぷらっと なみえ」に「カフェ・コーヒータイム」を開設している。「ぷらっとなみえ」は地域住民の交流の場、浪江町の観光案内所としての機能を兼ね備えた施設であり、「カフェ・コーヒータイム」とともに、デマンドタクシーである「e－まちタクシーぐるりんこ」の情報センターも入居し、同タクシーの乗降場所にもなっていた。メンバー四～五人とスタッフで運営しており、喫茶、軽食に加えて浪江町のB級グルメである「なみえ焼そば」も提供していた。

コーヒータイムは、二〇一一年四月に障害者自立支援法による指定障害者福祉サービス事業所となる予定であったが、その直前に震災と原子力災害に襲われたのであった。

二〇一一年一〇月に事業を再開

震災当日も大堀の「コーヒータイム」は営業していた。地震による揺れは激しかったものの、停電にはならなかった。勤務していたスタッフが手分けしてメンバー五人を家族のもとに送り届けることにした。橋本さんも、浪江町の南に隣接する双葉町までメンバーを送って行ったものの、家族と会うことが出来ず双葉町内の避難所に一泊し、翌一二日にようやく家族のもとにメンバーを帰すことができた。一二日午後に福島第一原発一号機が水素爆発を起こしたことから、橋本さんは相馬市の妹宅を経て、一五日には家族、親戚とともに仙台市に避難している。その後は、仙台市から多くの町民が避難していた二本松市にバスで通い、スタッフ、メンバーの安否と避難先の確認を行った。その結果、二〇日頃には全員の無事を確認できた。

五月七日に福島市にスタッフが集まり、コーヒータイムの今後について相談、さらに五月末には二本松市にスタッフに加えてメンバー、支援者が集まって協議した。その際にメンバーから、浪江町民の避難の拠点となっている二本松市において事業を再開して欲しいとの要望が出されたことから、すぐに事業再開の場所探しなどに動き出している。

六月下旬に、浪江町と浪江町商工会の双方から二本松駅前にある二本松市市民交流センターの空き店舗活用の話が持ち込まれ、二本松市での事業再開が決定した。九月に賃貸契約を結び、店舗の内装・設備工事に着手している。また、この間に公益一時立ち入り制度により、大堀の「コーヒータイム」等から什器・備品を持ち出すなど、準備を進めた。内装・設備工事と前家賃を合わせて約三〇〇万円の費用を要し、福島県からの補助金により賄っている。一〇月一日に喫茶店「コーヒータイム」を仮オープン

理事長の橋本由利子さん
（2014.3.12）

二本松に開設したコーヒータイム（2011.11.6）

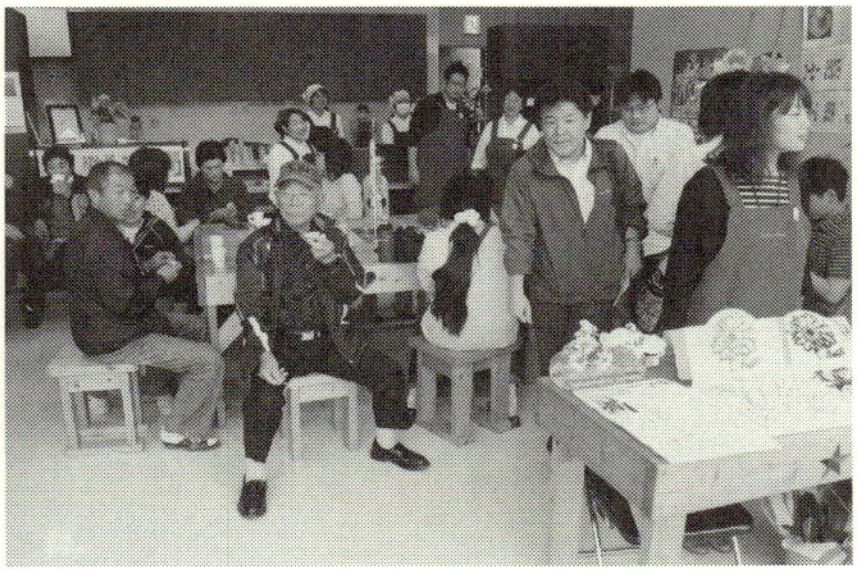

し、一七日に正式にオープンした。オープン時点では、震災以前から通所していたメンバー五人と、同じく震災以前から勤務していたスタッフ五人が運営に参加している。

震災から半年後のオープンは、メンバー、スタッフともに県内外に散り散りに避難している状況では異例の早さといえよう。素早く避難先を確認し、震災後あまり間をおかずに今後についての協議を行ったことが功を奏したといえよう。

二本松市に根付く

二〇一三年一月には、二本松市内に事務所を開設し、軽作業も再開している。咲き織の製作、なみえ焼そばのソース詰めといった大堀で行っていた作業に加え、提灯の部品づくりを新たに受託している。二〇一四年二月現在で、登録しているメンバーは一九人であり、ショップの担当は三人、七～一〇人は事務所での軽作業を担当している。また、メンバー一九人のうち浪江町時代からのメンバーは七人である。震災時点のメンバーは一五人であり、八人は避難先に残っている。八人のうち一～二人は避難生活が落ち着き次第、メンバーとなる可能性があるという。

一方、残るメンバー一二人は二本松市をはじめ福島市、本宮市から通所しており、すでに浪江町出身のメンバー数を上回る。併せて、スタッフ八人のうち、浪江町出身は五人、三人は二本松市民である。コーヒータイムは、二本松での事業再開から二年半が経過し、浪江町の精神障害者を支え続ける一方で、その活動は着実に二本松に根付きつつある。

また、二本松市市民交流センターで営業する「コーヒータイム」の集客は順調である。二〇一二年度の一日あたり来店数は一〇人であったが、一三年度は三六人と大幅に増加している。「コーヒータイム」が入居する二本松市市民交流センターでは浪江町の会合が開催されることも多く、加えて「コーヒータイム」の隣はなみえ焼そばで人気のそば店「杉乃家」であることから、町民が集まりやすい環境にある。「コーヒータイム」は、厳しい避難生活のなか、町民が旧交を温められる憩いの場となっている。もちろん、二本松市民の来店も多く、町民と二本松市民の交流の場としても機能している。

メンバーに「居場所」を提供

橋本さんはコーヒータイムを「精神障害者に社会の入り口を体験してもらう場」と位置付けている。精神障害者は気分のむらが大きく、毎日一定時間安定して就労することが難しいという特徴がある。NPO法人コーヒータイムは、毎日の通所や一定時間の就労が難しい精神障害者を積極的に受け入れている。これが二本松市などから通所するメンバーが増えている要因となっている。メンバーとなった精神障害者が環境に慣れ、安定して通所し就労できるようになるまで一年程度を要することもある。この間、スタッフが粘り強くサポートしている。しかし、メンバー一九人のうち安定して通所できるのは一〇～一三人程度であり、通所率のさらなる向上が課題として残る。

橋本さんは「メンバーにとってコーヒータイムは、職場というよりは『居場所』という感覚なのではないか」という。事業再開と同時に通所を再開したメンバー五人のうち二人は、家族のもとを離れて二本松市内で一人暮らしをしながら通所している。社会との接点に乏しいメンバーにとってコーヒータイムがいかに重要な「居場所」であるかがうかがわれる。また、避難生活による混乱のなか、メンバーの「居場所」が早期に確保されたことの意義は大きかったといえよう。

コーヒータイムのこれから

二〇一二年一月一日、コーヒータイムは、念願の指定障害者福祉サービス事業所となった。受け入れ可能なメンバーの定員は二〇人である。ショップの売上と軽作業の受託費がメンバーの報酬となり、スタッフの給与やNPO法人の運営費は、登録者数、通所者数に応じて支払われる指定障害者福祉サービス事業所への給付金により賄われている。事業再開から給付金の支払い開始までに六カ月ほどあり、この間は障害者連絡協議会をはじめとする全国の障害者支援団体などからの寄付金によりしのいだ。

また、事業再開にあたり最も不安であった点は、一定数のメンバーを確保できるかであった。しかし、震災以前からのメンバー以外にも二本松市等から新たなメンバーが登録したことから、現在ではほぼ定員一杯のメンバーを確保できている。今後はさらにスタッフのサポートを充実し、メンバーの通所率をいかに向上させるかが、NPO法人運営上の課題となっている。

浪江の新町通りの「カフェ・コーヒータイム」は早期帰還に向け準備が進められる避難指示解除準備

区域にあるものの、大堀の「コーヒータイム」は帰還困難区域に所在し、帰還の目途は立たない。それ以上にメンバー、スタッフが安心して生活できる環境が整備されなければ、浪江町内での活動は再開できず、先行きは不透明である。このように避難生活の先が見通せないなか、橋本さんは「コーヒータイムは二本松市に根をおろして活動を続けていく」ことを決断した。

今後は、メンバー、スタッフが働きやすいように、二〇一四年度中に「コーヒータイム」を改装することを予定している。また、現在の事務所が手狭まであることから、二〇一六年度までに新たな事務所を開設することも計画している。新事務所の開設により作業場を広げ、メンバーの定員を三〇人に拡大する予定である。新たに増える定員一〇人には震災以前からのメンバーの受け入れもあるものの、多くは二本松市などから通所するメンバーとなろう。浪江町の精神障害者の「居場所」であることを超え、二本松市に根付いて活動を続けていく。

二　高齢者・障害者福祉に取り組むＪｉｎ

ＮＰＯ法人Ｊｉｎは、「二歳から百歳までのリハビリテーションと自立支援」を事業の柱として活動してきた。その姿勢は震災後も変わっていない。震災直後に避難者の運動不足を解消するための「ゲリラ体操」を展開したのを手始めに、半年後の二〇一一年一〇月にはサポートセンターの運営を受託し、同時にデイサービスやリハビリ等の事業も再開している。本節では、高齢者、障害者、子どもといった「避難弱者」に寄り添い、それぞれのニーズに応じたきめ細かな支援を展開するＪｉｎの取り組みを紹介する。

NPO法人Jinの歩み

Jinの代表である川村博氏（一九五五年生まれ）は、大学卒業後、一貫して高齢者・障害者の支援に携わってきた。福祉施設を退職後、二〇〇四年九月に任意団体ケアサークル「ばあす」を立ち上げ障害を持つ児童を対象としたデイサービスをボランティアとして始めている。二〇〇五年二月にNPO法人Jinを設立し、五月に浪江町幾世橋においてデイサービスセンター「一樹」を開設、六月には障害を持つ児童を対象とした放課後ケアサークル「ばあす」も始めている。さらに、二〇〇七年六月にはリハビリ専門のデイサービスセンター「リハ・アクティブセンターTAIYO」も開設している。

Jinの事業は、二歳から百歳までのリハビリテーションと自立支援であり、たとえ一人のニーズであっても対応するようきめ細かく事業を展開してきた。二〇一一年三月時点の利用者は、「リハ・アクティブセンターTAIYO」が六〇人、「一樹」が二五人、「ばあす」が二〇人と、合計一〇〇人を超えていた。一方、職員は四五人であり、うち理学療法士、作業療法士、言語聴覚士が計八人と、リハビリテーションに関する充実した体制を有していた。

また、「食べ物で元気になってもらう」という川村氏の考えのもと、浪江町内の約六ヘクタールの畑で野菜やデントコーン等を無農薬で栽培し、鶏を四〇〇羽程度飼育していた。こうして得られた野菜や卵は施設を利用するする高齢者、障害者の食事に活用していた。

代表の川村博氏
（2014.4.16）

震災直後の避難の状況

震災時には約八〇人の利用者がいた。家族が迎えに来たり、職員が送っていったりしたが、二五人ほどを家族のもとに戻せなかった。三月一一日の夜に避難所を訪れたものの非常に混雑しており、「一樹」に戻って一夜を明かした。一二日の早朝に防災無線により避難指示を知り、二五人の利用者とともに町内の津島地区に到着した。しかし、避難所である津島活性化センターも非常に混雑しており、高齢者や障害者が避難するのは難しいと判断、郡山市内の福祉事業者を訪ね、その後は猪苗代町に避難した。一八日に二本松市内に一軒家を借りて利用者の家族を探し始め、二二日にようやくすべての利用者を家族のもとに帰すことができた。

三月下旬より、避難所に乗り込み避難者の運動不足を解消するための「ゲリラ体操」を展開し始めた。この時点において、震災以前に四五人いた職員のうち二〇人が残っていた。また、四月初旬より福島県内の旅館等に二次避難所が開設されてからは、高齢者、障害者の多い二次避難所を訪問して体操教室を開催した。この体操教室は、仮設住宅への入居が本格化し二次避難所が閉鎖される七月末まで続けられた。

サポートセンターの開設と事業再開

二〇一一年四月に二本松市役所東和支所に設けられていた浪江町役場に町内の福祉関係者が集まり、

高齢者、障害者の支援について協議した。この協議を受けて、高齢者、障害者等の日常生活を支援する拠点となるサポートセンターを福島県が設置することとなった。浪江町のサポートセンターは、町民の多くが避難する二本松市、福島市、本宮市、桑折町の計五カ所にあり、二〇一一年一〇月から順次開設されている。Ｊｉｎは、五カ所のサポートセンターのうち、サポートセンターふくしま（福島市内）、サポートセンター杉内（二本松市内）、サポートセンター本宮（本宮市内）の三カ所の運営を受託している。杉内、本宮は二〇一一年一〇月、ふくしまは翌一二年二月に開設された。杉内、本宮は仮設住宅の敷地内にある。

サポートセンターでは、体操教室、高齢者のサロン、未就学の発達障害児の預かり、配食サービス、小学生の放課後クラブ、悩み事相談、料理教室、カラオケ、カフェ、送迎付き居酒屋といった多種多様な事業を展開している。体操教室は、仮設住宅の集会所等一八カ所に出向いて実施しているほか、各サポートセンターで若い世代向けなども開催している。二〇一二年度の総利用者は延べ二万六四四五人に上る。このうち体操教室の利用者が計一万六四二四人と多く、サロンも五〇〇二人が利用している。また、配食サービスの利用も一五五九人あった。一方、未就学の発達障害児の預かりサービスは、利用者は少ないものの、切実な需要に基づく事業となっている。高齢者、障害者、子どもや子育て世代などの小さなニーズにきめ細かく対応しているといえよう。

また、サポートセンターが開設された二〇一一年一〇月に、サポートセンター杉内の一室を利用してデイサービスセンター「一樹」、同様にサポートセンター本宮で「リハ・アクティブセンターＴＡＩＹＯ」の事業を再開している。それぞれ七～八人が介護保険制度を活用して通所介護に利用している。児童デイサービス、生活介護も事業を再開したものの、現在は利用者がないため休止している。サポートセンターの利用者は浪江町民に限定されるが、「一樹」「TAIYO」の利用者には二本松市民等もみられ、NPO法人コーヒータイムと同様にJinも地域に根付き始めている。

サラダ農園のハウス（2013.5.15）

農園の開設

Jinは、二〇一二年四月に浪江町に近い南相馬市に事務所を開設した。同時に、事務所近くの荒地約二ヘクタールを賃借して開拓し、カブ、レタス等の野菜を栽培する「サラダ農園」を開設している。また、避難指示区域が再編され立ち入り禁止が解除された二〇一三年四月一日より、町内幾世橋の農園を再開し、ジャガイモ、タマネギ等の野菜を栽培している。農作業にはJinの職員とともに、生活介護で通所する障害者も携わっている。川村氏は「こつこつ頑張る障害者と農作業の相性は良く十分な戦力となっている。また、農作業を通じて障害者の症状が改善する効果もみられる」と言う。

現段階では試験栽培であり、出荷は自粛している。収穫された農産物をモニタリングしたところ、放射性物質は検出されなかったものの、出荷へのハードルは高い。そこで、リンドウ、トルコキキョウといった花卉の栽培を始めており、二〇一四年中の販売開始を目指し、福島県、JAと連携して取り組んでいるところである。

Ｊｉｎのこれから

川村氏はＪｉｎのこれからについて、「介護保険では対応が難しい細かなニーズへの対応を強化したい」とする。その一つとして、Ｊｉｎが仕掛け人となってデイサービスの利用者で「婦人会」を組織し、要介護にならないための訪問介護を展開することを計画している。

また、農園の拡大も予定している。浪江町からの避難者が多い二本松市、福島市、本宮市等において約四ヘクタールの農園を開設し、町民だけでなく地元の人びととともに農作業を行うことを計画中であり、地域に根付いた活動を強化していく構えである

さらに、二〇一七年三月末に予定される浪江町への帰町を見据えた高齢者・障害者支援についても構想している。例えば、町内に整備される復興公営住宅に入居する高齢者等を支援するため、同住宅内にサポートセンターを設置し、必要とされるサービスを提供することなどを検討している。

三　震災後にＮＰＯ法人が果たした役割と今後

福祉分野においてＮＰＯ法人が果たす役割は非常に大きい。高齢者、障害者一人ひとりのニーズにきめ細かく対応することが、行政サービスでは難しいことが背景にある。

ＮＰＯ法人コーヒータイム、ＮＰＯ法人Ｊｉｎともに、震災直後といえる早い段階から事業再開に向

けて動き始め、半年後には事業を再開している。その後の奮闘ぶりを含め、震災後の全町民が町外への避難を余儀なくされるという混乱のなか、高齢者、障害者、あるいは子どもや子育て世代といった「避難弱者」の生活を支援してきた意義は非常に大きい。行政は避難生活の確立や震災復興に手いっぱいであり、このためサービスが手薄になりがちな高齢者や障害者の支援の現場を一手に引き受けてきたといえよう。

一方、コーヒータイム、Ｊｉｎともに、浪江町民のみを対象とするのではなく、避難先である二本松市民なども利用者に取り込み、地域に根付き始めている点も興味深い。浪江町民に加え、より広域における高齢者、障害者等の支援の担い手になりつつあるＮＰＯ法人コーヒータイム、ＮＰＯ法人Ｊｉｎの取り組みに、今後も注目していきたい。

（1）経済産業省が二〇一四年六月九日に公表した「避難指示区域の概念図と各区域の人口及び世帯数」による。二〇一四年四月一日に田村市の避難指示区域が解除され、避難指示区域が設定される自治体は当初の一一市町村より一つ減り、一〇市町村となった。

（2）浪江町提供資料による。二〇一四年六月三一日現在。

第6章　福島県南相馬市／地域中小企業の復興支援に向かう

——伴走する継続的支援（Bridge for Fukushima）

加藤裕介

一般社団法人 Bridge for Fukushima は、福島県相双（相馬・双葉）地区の抱える課題を解決するため、首都圏との Bridge（かけはし）になるというミッションのもと、震災直後に設立された地元発の非営利団体である。震災直後の緊急物資支援から、現地の中長期的復興支援へと軸足を移す中で、全域が原発避難指示区域（二〇一四年九月現在）である南相馬市小高区の支援に注力している。本報告では、Bridge for Fukushima の実施している小高区産業復興支援を通じ、小高区の企業の抱える課題についてみていく。

一　南相馬市小高区の背景

二〇〇六年一月一日、原町市、相馬郡鹿島町、小高町の一市二町が合併し南相馬市が誕生、小高町は南相馬市小高区となった。総面積は九二平方キロ、東西に広がった形状をしている。東は太平洋に面し、阿武隈高地を区の西端とし、小高川が町を東西に横切る形で太平洋に注いでいる。小高川の中流部に小高城址（戦国時代まで相馬氏の本拠地。別名「紅梅山浮舟城」）があり、周辺に町役場やＪＲ駅、二つの専門高校などがある。震災直前（二〇一一年二月二八日）の小高区の人口は一万二八三四人であった。(1)

沿岸部には村上海岸、海水浴場、松林があり、その背後には農地と集落が点在していた。小高区を含む南相馬市の産業の特徴として、水稲や畑作を中心とした農業に加え、第二次産業における機械関連製造業者が多く集積していたことがあげられる(2)。

三月一一日の津波により、一〇五〇ヘクタール（総面積の一一％）が浸水、津波被害家屋は全壊三一九世帯、大規模半壊三三世帯、半壊六八世帯（被害世帯数計四二〇世帯。全世帯数の一一％）に上った(3)。また翌一二日の第一原発一号機の水素爆発に始まる原子力災害により、一二日一八時二五分には第一原発から半径二〇キロ圏内の住民に避難指示が出た。さらに、二〇一一年四月二二日午前〇時を以て、小高区のほぼ全域が警戒区域となり、立ち入りが制限された。

その後、二〇一二年四月一六日午前〇時、南相馬市の警戒区域が、空間放射線量に応じて「避難指示解除準備区域」「居住制限区域」「帰還困難区域」の三区域に再編されたことにより、小高区のほとんどの地域は「避難指示解除準備区域」となり、昼間には自由な立ち入りが可能となった。旅館業など一部の業種を除いて区内での事業再開が可能となっている。

二　震災後の小高区の企業

当初、避難指示および警戒区域指定により、震災直後の小高区では事業が行えなくなった。各社は工作機械の搬出や移転先の確保など対応に追われることになったが、従業員の避難により作業はさらに困難を極めた。企業によっては操業停止を余儀なくされ、あるいは、避難地で工場を借り、また仮設工場

江井敬彦氏

江井鋳造所（いずれも2014.9.19）

に入居するなど、対応に苦慮してきた。ここでは、小高機械金属関連グループとして福島県中小企業等グループ施設等復旧整備補助事業（以下「グループ補助金」）の支援を受けている企業の震災後から現在に至るまでの動きを通じ、小高区の企業が置かれた状況をみていく。

江井鋳造所／第一原発一二キロ地点に戻る

合資会社江《えね》井《い》鋳造所の創業は約一四〇年前であり、当時は鍋、釜を製造していた。現在は鍋、釜の製造は行っておらず、Ｆ1造型機七台、パレットコンベアラインと小型電気炉を備え、産業用小型モーター関連部品（エンドブラケット等）等の製造を行う従業員一二人（震災前は一六人）の小規模な鋳物製造企業となっている。主要得意先には日東電工（いわき市の地場企業）などがあり、日東電工の鋳物部品の約九〇％を提供してきた。七代目の江井敬彦氏（一九五六年生まれ）は現在管理部長であるが、実質的には代表として経営を行っている。

江井氏は得意先への納品時に地震に遭遇し、すぐに工場へ戻った。内陸に位置していたため津波被害は免れた。停電は起こらず、目立った地震被害は無かった。従業員を帰宅させ、自身はいわきの自宅へと戻った。

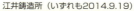

工場は第一原発から約一二キロの距離に位置しており、翌一二日に避難指示が出たことにより操業不能となった。三月二一日に主要取引先の日東電工から仕掛品運搬と事業再開の要請があり、三月末には木型約二〇〇〇型を日東電工の倉庫へ搬入した。その後、操業可能な場所を探したところ五島鋳造所（郡山市）への移転が決まり、四月一八日には事業を再開している。

ただし、従業員の全員が戻ったわけではなく、五島鋳造所を間借りしての鋳造五人、いわき市の日東電工を間借りしての仕上げ四人の体制を強いられた。また、当初三〇トン／月の生産を見込んでいたのだが、一〇トンしか製造できなかった。外注の活用により二〇トンまで戻したものの、この間に大半の得意先を失った。

二〇一二年四月一六日に小高区は警戒区域から再編された。工場のある一帯は避難指示解除準備区域となり事業再開が可能となったため、七月一三日に現地で工場を再開している。従業員は震災前より四人減って一二人となった。避難指示解除準備区域内に所在しており通勤が比較的長距離になること等から従業員の新規確保が難しい。また、再開後の月の売上高は約五〇〇万円であり、目標とする一〇〇〇万円までは得意先の逸失により及ばず、いまだ厳しい現状に置かれている。

精研舎／仮設工場に入居する一人親方

精研舎は機械部品の精密研削（超精密プレス金型部品、モールド金型、コア等の研削加工）および治工具研削など研削加工全般を行っており、従業者は代表の遠藤孝明氏（一九六七年生まれ）一人のみである。アルプス電気相馬工場に九年間勤務した後に独立し、精研舎を立ち上げた。サブミクロンオー

鈴木盛太郎氏（2013.8.23）

遠藤孝明氏（2012.11.29）

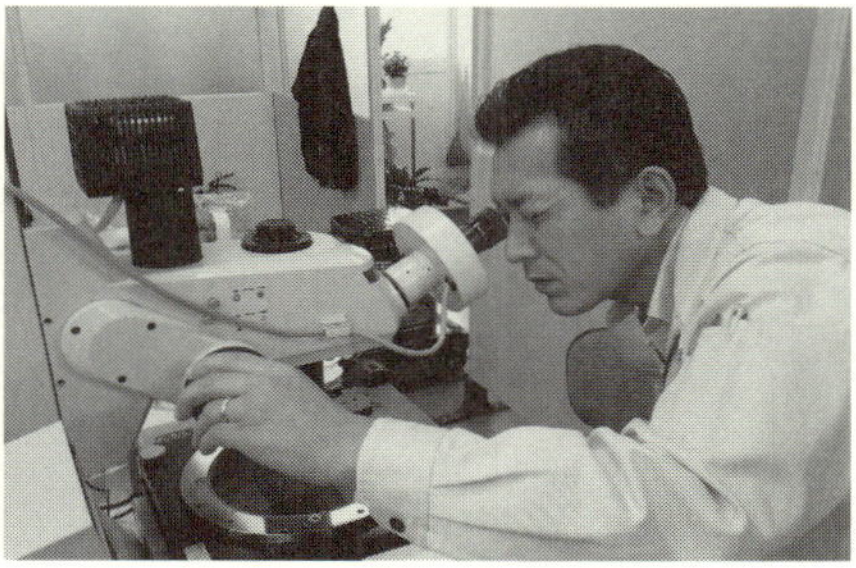

ダーでの微細加工を得意とし、角物・丸物両方に対応している。

自宅兼工場は小高区の内陸に位置しており、震災直後、遠藤氏は津波が来たことを知らなかった。避難指示により福島県中通りに避難し、二本松市の避難所にとどまった。四月七日には妻子と共に山梨県笛吹市へ避難したが、一〇月には福島県本宮の借り上げ住宅へと再度避難した。現在は南相馬市鹿島区の仮設住宅に入居している。

仮設工場（南相馬市原町区信田沢）への入居案内を地元の産業支援機関である㈱ゆめサポート南相馬から聞き、二〇一一年一二月に入居した。現在も同仮設工場で操業している。小高区の従前の工場については、ブレーカーを上げると工場内に異音が響くことから地震による設備損傷が疑われ、再開は難しい。仮設工場の撤去期限後の移転先については未定であり、避難後、工場の修理等はまだ行っていない。

小高精密／二〇キロ圏内に戻るも、受注、従業員確保に苦慮

小高精密は、一九七九年、先代が日本オートマチックマシンから独立し、現在の小高区の工場で創業した。現在は二代目である鈴木盛太郎氏（一九八二年生まれ）が代表取締役社長を務め、マシニングセンター、フライス盤、研削盤を用いた機械部品の製造を行っている。震

藤井直一氏（2013.9.27）

災前は従業員一七人を有していたが、小高区が警戒区域に指定されたことから震災直後に全員を解雇し、失業保険を受給できるようにした。

その後、二〇一一年一二月、中小機構の建設した仮設工場（南相馬市原町区信田沢）への入居が決まった。解雇した従業員に声をかけたところ五人が戻り、二〇一三年三月より、約一〇〇平方メートルの仮設工場に機械を搬入し操業を開始した。さらに、区域再編後の二〇一三年七月には機械を小高区の従前の工場へと戻し再開したが、従業員の休業と新規雇用の確保困難により、実質的に営業一人、フライス盤一人、マシニングセンター一人での操業を余儀なくされている。

藤井製作所／新地町に避難し、鹿島区に新工場

藤井直一代表取締役（一九五〇年生まれ）は、旧小高町の三尾製作所等に勤務後、相馬小高神社の裏手にある自宅倉庫を改築、旋盤・ボール盤等を購入し、一九七九年に藤井製作所を創業した。地元の東洋通信機（現エプソントヨコム）、タナシン電機、アルプス電気等からの部品の精密機械加工を受注していた。震災前は従業員五人で操業し、二〇〇八年の世界同時不況時も特に売上額の落ち込みは見られず順調な経営を行っていた。

震災当日は北茨城市にある取引先で被災したが、九時間かけて帰宅、翌一二日には原町区にある夫人の実家の様子を確認後、石神第二小学校へと避難している。その後、二〇一一年五月初旬に新地工場

（相馬郡新地町杉目）の建物を紹介され、小高から工作機械を搬入、操業を再開した。グループ補助は、ワイヤーカット放電加工機の購入等に活用した。二〇一四年二月には南相馬市鹿島区に土地を借り、建築面積約一八〇坪の新工場を建設、現在は従業員八人で操業している。

佐々木製作所／相馬の貸工場に避難し、その隣地に新工場

佐々木製作所は各種精密部品・機械部品加工を取り扱っており、主にアルミ材の板物・角物のマシニングセンター加工・フライス加工を手掛けている。創業者の佐々木貞雄氏（一九五四年生まれ）は、相模工業大学（現湘南工科大学）機械工学科を卒業後、一九七七年にスミダ電機（現スミダコーポレーション）へ入社、相馬工場で生産技術管理を担当していた。

一九八八年に退社し、翌八九年一月より、小高区で佐々木製作所（南相馬市小高区太田和）を創業、八月に法人登記した。当初は父母を含む五人で開始し、スミダ電機等からの注文を受けながら、四〇台ほどの機械を用いてコイルの基盤取り付けピンを製造していた。その後、業態を一新し、プラスチック成型を機械一五台で行っていたが、当該分野の海外移管に伴い再度業態を変え、一九九八年頃から現在の機械加工を本格化させた。

佐々木貞雄氏（2013.8.23）

震災当日は、国道六号を走行中に地震に遭い、山沿いを通り小高工場へ戻った。原発爆発を受けて二本松の友人宅へ家族六人で避難したが、新潟、函館と再避難した。三月三一日に相馬に戻り、この日付で従業員を一旦全員解雇、四月一日に相馬工場（南相馬市鹿島区南柚木）を借りた。四月二日には機械搬入を開始し、五月九日の操業再開時に、従業員を再雇用した。震災前は三〇人ほどを雇用していたが、震災後は一九人（二〇一四年六月）に減少している。うち一一人が震災前から勤務している従業員である。二〇一四年には相馬工場の隣の敷地に工場を新設し、三月から新工場で操業している。

花房博氏（2013.9.26）

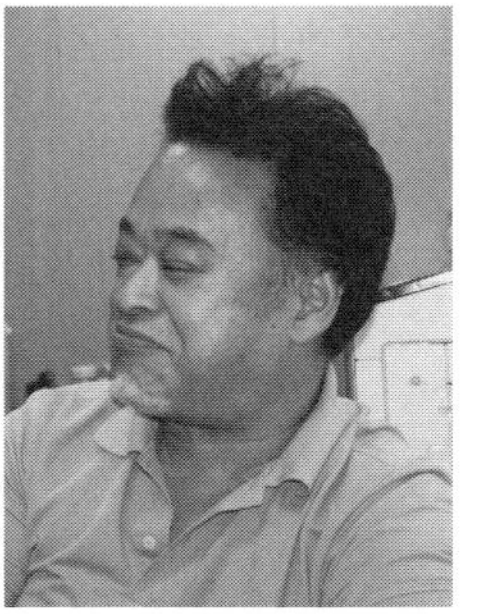

ハナブサ精密／小高区で被災し、原町区の貸工場で再開

代表の花房博氏（一九六一年生まれ）はアルプス電気等での勤務を経て、一九九二年に独立、南相馬市小高区飯先にて創業した。マシニングセンター、旋盤による精密加工全般を行っており、従業員五人（震災前）で対応していた。取引先を一カ所に集中しなかったことから、二〇〇一年、米国同時多発テロおよび二〇〇八年世界同時不況によりそれぞれ一カ月程度の受注の落ち込みがあったことを除いては、創業以来順調に経営を続けている。

三月一一日の地震ではマシニングセンターには被害は無く、旋盤が一台横倒しになったため、水平器を使用して水平を取った。揺れで散乱した物品を片づけながらすぐに復帰することが出来た。翌一二日は午前で終業し、従業員は自宅の片づけに向かった。花房氏の住まいに津波被害は無かったが、原発の爆発を受け、両親と子がこの日先に原町第二小学校へ避難した。自身と夫人は一三日、一四日も片づけをしていたが、妻に促され一四日午後に避難所へ移動、翌一五日以降は山形市、長野県上田市、宮城県名取市と避難を繰り返した。

小高への立ち入りが制限される前に工場から工作機械を搬出し、宮城県名取市の倉庫へ預けた。二〇一一年七月には預けた機械を搬出し、名取市で一人操業を再開した。二〇一二年八月に、現在の工場（南相馬市原町区下渋佐）に移転し、操業を本格再開した。小高区の従業員一人、葛尾村の従業員一人は戻らなかったが、新規に人員を一人雇用し、三人体制で操業している。

三　小高区の企業の課題とNPOとしての産業復興支援

小高区の企業が操業を再開するにあたり、従業員の確保が大きな課題となっている。小高区は二〇一二年四月一六日の警戒区域解除後も避難指示区域下にあり、約一万二〇〇〇人の住民は未だ全員が避難している。ただし、比較的放射線量の低い避難指示解除準備区域および居住制限区域が小高区の大半を占め、除染により放射線量の低下が見込めることから、南相馬市は二〇一六年四月の帰還を目指している。一方で、長期化する避難生活に伴い、小高区以外に転出することを既に選択した住民も少なくない。人口は住民基本台帳ベースで一万一三三二人（二〇一三年一二月三一日）へと減少している。

先にみた江井鋳造所および小高精密は、従前の小高区内の工場で操業再開しているが、従業員は震災前後で減少している。小高区外で操業再開した佐々木製作所についても、避難区域外ではあるが従業員の確保に苦慮している。相双地区の有効求人倍率は二〇一四年四月で二・三九倍と、震災前と比べて一・八ポイント近く上昇しており、同年同月の県全体の値（一・三九倍）と比較しても突出して高いことがわかる。

建設・除染需要による求人数の押し上げはさることながら、避難指示により相双地区を中心に約八万人が避難しており、相双地区企業の求人状況は厳しい環境がしばらく続くことが予想される。また、避難直後に数カ月間操業を停止した事により、得意先を失った事業者が多い。一度転注された仕事を戻すことは容易ではなく、人員不足による厳しい環境ながらも新規顧客の開拓が求められる。

以上のような状況下で Bridge for Fukushima は、公益財団法人福島県産業振興センターの助成「ふくしま産業応援ファンド事業」を受け、相双地区の商工業活性化のための企業連合体づくりに取り組んでいる。①被災者の持つべき権利と責任（RBA＝Rights-Based Approach）の考え方に基づき、被災者自らが主体となった支援活動を行うこと、②「新しい公共」の担い手として、既存の公益機関・民間セクターがアプローチできていない課題の解決に取り組める風土をつくることをヴィジョンとして活動しており、小高区民に対する中長期的サポートを事業の一つとしている。

住民が「帰還する、しない」の意思決定をするためには、まずは「小高に戻れる」環境を整えることが必要であり、環境を整えた上で、住民が自由意思により帰還する、しないの選択を行うべきと考えている。そして、「小高に戻れる」環境を整えるには、地域の商工業を復活させねばならない。したがって、既に小高区に戻り操業を開始している企業や、今後仮設工場を出て本設へと移行する小高区の企業が存続できるようサポートすることは、Bridge for Fukushima としてなすべきことだと考える。

中小機械金属企業群への継続的支援

南相馬市を含む相双地区には元来、アルプス電気、日本オートマチックマシンなどの大規模な工場が

図6―1　ハローワーク相双　有効求人倍率

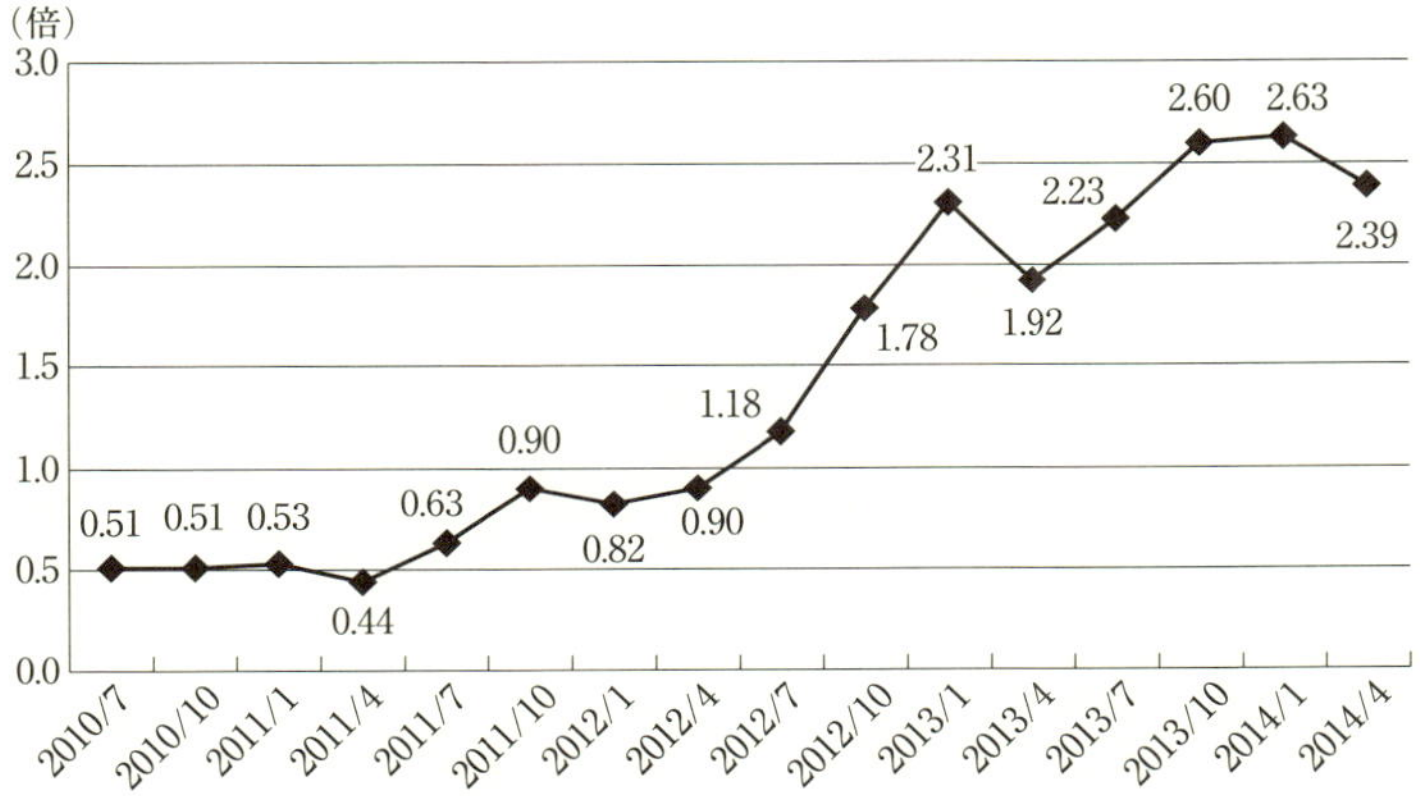

資料：『公共職業安定所業務取扱月報』福島労働局職業安定部、2010年7月～2014年4月より筆者作成。

図6―2　南相馬市の製造業製造品出荷額、従業員数の推移（※従業者４人以上の事業所）

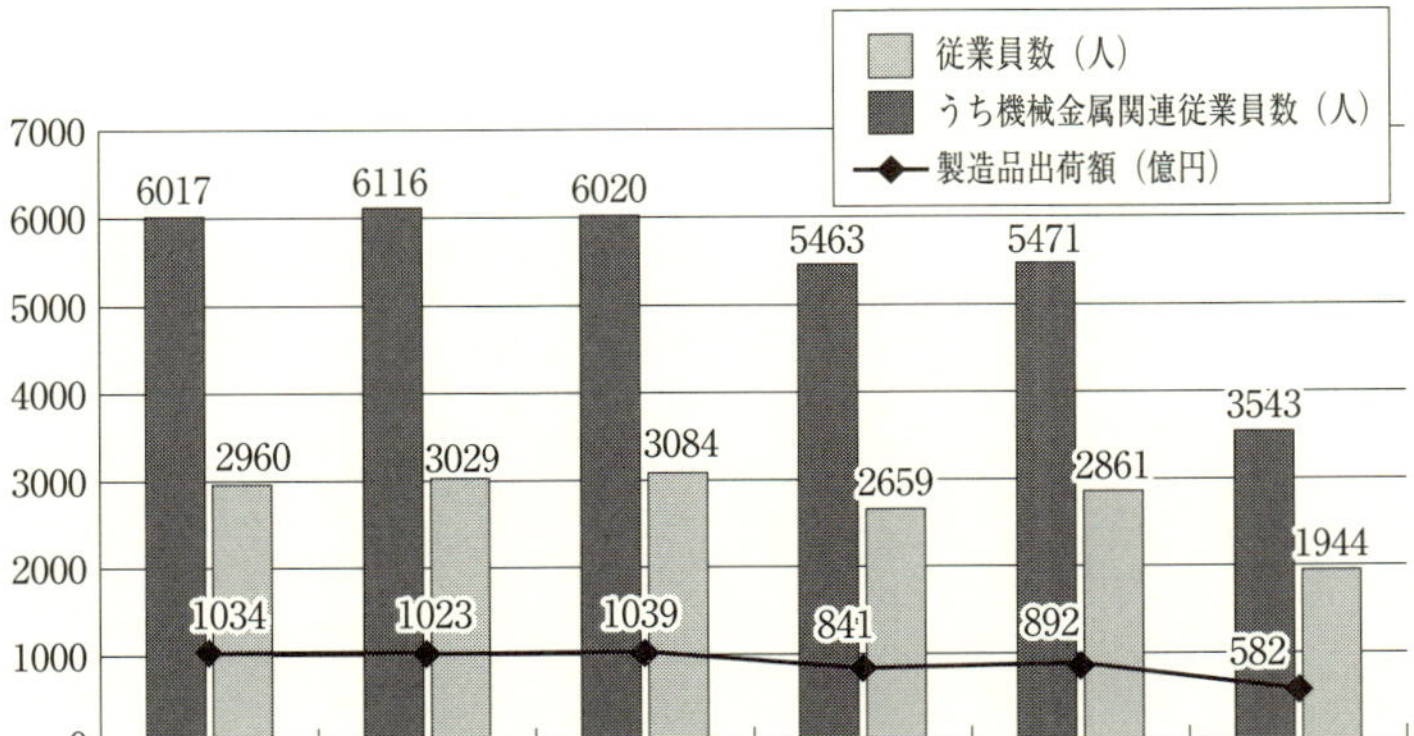

注：当グラフでの「機械金属関連」とは、2008年以降の産業分類における
22 鉄鋼業、23 非鉄金属製造業、24 金属製品製造業、25 はん用機械器具製造業、26 生産用機械器具製造業、27 業務用機械器具製造業、28 電子部品・デバイス・電子回路製造業、29 電気機械器具製造業、30 情報通信機械器具製造業、31 輸送用機械器具製造業を指している。なお、2008年に産業分類に変更が生じたが、本データ集計上の影響はない。
資料：『工業統計調査確報市区町村編』2006年～2011年より筆者作成。

小高機械金属関連グループの取組みの様子（2013.12.6）

置かれていた。それらの工場から独立・創業した技術者によって、この地に機械金属加工業が集積された歴史がある。人口約七万人の市において、製造品等出荷額は二〇〇八年には一〇三九億円に達していた。

リーマンショックの影響で二〇一〇年に八九二億円に落ち込んだが、市の製造業における事業所数、従業者数の約半数（九六社、二八六一人）を機械金属加工関連が占めていた。震災により二〇一一年には製造品出荷額は五八二億円にまで落ち込むも、従業者数の半数（一九四四人／三五四三人）は依然として機械金属加工関連が占めており、地域の重要な産業であることがうかがえる(4)。また、小規模な事業者が多いことが特徴であった。しかし、この地域に機械金属加工業が多いことはあまり外部に知られておらず、地域住民としても、この地域がそういった特徴を有していることに対して特段の意識はしていなかった。

そこで私たちは、小高機械金属加工グループとして「グループ補助金」による補助を受けている小高区の企業六社（江井鋳造所・精研舎・小高精密・ハナブサ精密・佐々木製作所・藤井製作所）を対象に、まず地域内の企業間連携の基盤整備に取り組んでいる。一橋大学名誉教授・明星大学教授の関満博氏、日立市産業経済部商工振興課の小山修氏等を招き、中小企業を取り巻く環境や、他地域における企業間連携の実例などを紹介いただいた。

また、関教授を塾頭とし茨城県日立市、ひたちなか市を中心に活動する「ひたち立志塾」のメンバー企業との交流の機会をつくることで、将来の取引の可能性を醸成することを目指した。一年間の取り組みによって、小高機械金属関連グループ内での連携（仕事の融通等）が生まれ、地域を越えた同業種同士の連携や、県外からの新たな注文問合せが入り始めている。

四　内外との連携と発信

南を原子力災害による通行止めに阻まれ（二〇一四年八月現在）、西に阿武隈高地をいただく南相馬市は、アクセスの難しさと環境の不確定性（続く余震、長期化する除染や廃炉作業等）から外部企業の誘致活動に不利な環境であることは否めない。小高区は二〇一六年四月の帰還が予定されているが、住民帰還への道のりはまだ遠い。

しかし、①地域内における連携の醸成　②連携した上での外部への発信　③外部の企業との連携のプロセスを今後も続けることによって、大規模工場誘致に頼ることなく、事業を存続させることは可能だと考えている。復興庁が被災地企業とのマッチングイベント「結の場」を開催するなど、企業間連携による新商品・新分野創出を目的とした取り組みは震災後顕著になってきた感がある。私たちも微力ながら、小高区民の暮らしの再建に向け、伴走できればと考えている。

（1）南相馬市『住民基本台帳各区別、大字別人口および世帯数』二〇一一年二月二八日現在。
（2）南相馬市『南相馬市再生可能エネルギー推進ビジョン』二〇一二年一〇月。

（3）南相馬市『東日本大震災南相馬市災害記録』二〇一三年五月。

（4）経済産業省大臣官房調査統計グループ『工業統計調査　平成22年確報 市区町村編』二〇一二年四月公表。福島労働局職業安定部『公共職業安定所業務取扱月報』二〇一〇年七月〜二〇一四年四月。経済産業省大臣官房調査統計グループ『工業統計調査　市区町村編』二〇〇六年〜二〇一一年各年度確報。

第7章　三陸被災地・内陸・日本海の交流と復興支援

——岩手県大槌町～花巻市～秋田県五城目町の連携（結海）

関　満博

二〇一一年三月一一日の東日本大震災で、東日本沿岸の諸都市は大津波により壊滅した。特に、岩手県大槌町は町役場の屋上に避難した町長をはじめ多くの職員が犠牲になったことでも知られる(1)。被災当日、この大槌町吉里吉里の浪板観光ホテルに、秋田県五城目町《ごじょうめ》の高齢者グループ四二人が宿泊していた。津波はホテルの三階にまで達したが、ホテルマンが高台へスムーズに誘導したため、泊まり客全員が無事であった。ただし、ホテル側では社長をはじめ五人が犠牲になった。五城目の人びとは避難所に二泊し、震災三日後に大型バスで五城目に送り届けられた。

この五城目の人びとのツアーは浪板観光ホテルの営業マンであった小笠原弘孝氏（一九六四年生まれ）が企画したものであり、五城目には小笠原氏がバスで送り届けた(2)。五城目側は多くの支援物資を用意し、小笠原氏の帰りのバスに積み込んだ。大槌から五城目まではバスで約七時間、小笠原氏は帰途に途中の花巻の観光施設「道奥・金婚亭(3)」で一泊し、帰っていった。

それから一年と少しを過ぎた二〇一二年五月一一日、大槌と五城目の中間にある岩手県花巻市に大槌町と五城目町をつなぐ被災地支援アンテナショップ「結海《ゆうみ》」が開店した。大槌と五城目、そして花巻の物産が用意されていた。

一　内陸都市の三陸被災地支援

今回の震災の被災地支援は多方面にわたって行われた。初期には自衛隊や米軍等の救援活動、全国からの避難所に対する物資、医療支援などが重ねられた。各県や市町村といった公的機関や民間団体、企業、個人までが支援活動のために訪れてきた。一九九五年一月一七日の阪神・淡路大震災の時は大量のボランティアが駆けつけ、「ボランティア元年」といわれたものであった。この東日本大震災の場合は、さらにそれが迅速かつ広範に行われたように思う。

内陸と沿岸の都市の災害時支援体制

それらの支援の中で、一つ目を引いたのは大震災津波の到来が予想されていたためか、東日本の沿岸の都市と内陸の都市がすでに多様な形で災害時支援体制をとり、迅速に対応した点であった。この点は特に岩手県において明確に意識され展開されていった。岩手県の沿岸に向けた後方支援の拠点的な位置にある遠野市においては、三陸地域地震災害を想定して「後方支援拠点施設整備構想」を提示、二〇〇七年一一月には、周辺の九市町村（当時、現在、メンバーの川井村は宮古市となっている）による推進協議会を結成、さらに、二〇〇八年には今後予想される地震や津波の被害に対して速やかに対応できる「後方支援拠点施設整備」を国に提案していた。併せて災害を想定した各種防災訓練を実施してきた。今回の被災は想定を超えるものであったが、遠野を後方拠点とする救援活動の展開、支援物資の供給は

図7—1　岩手県沿岸地域への災害時支援体制

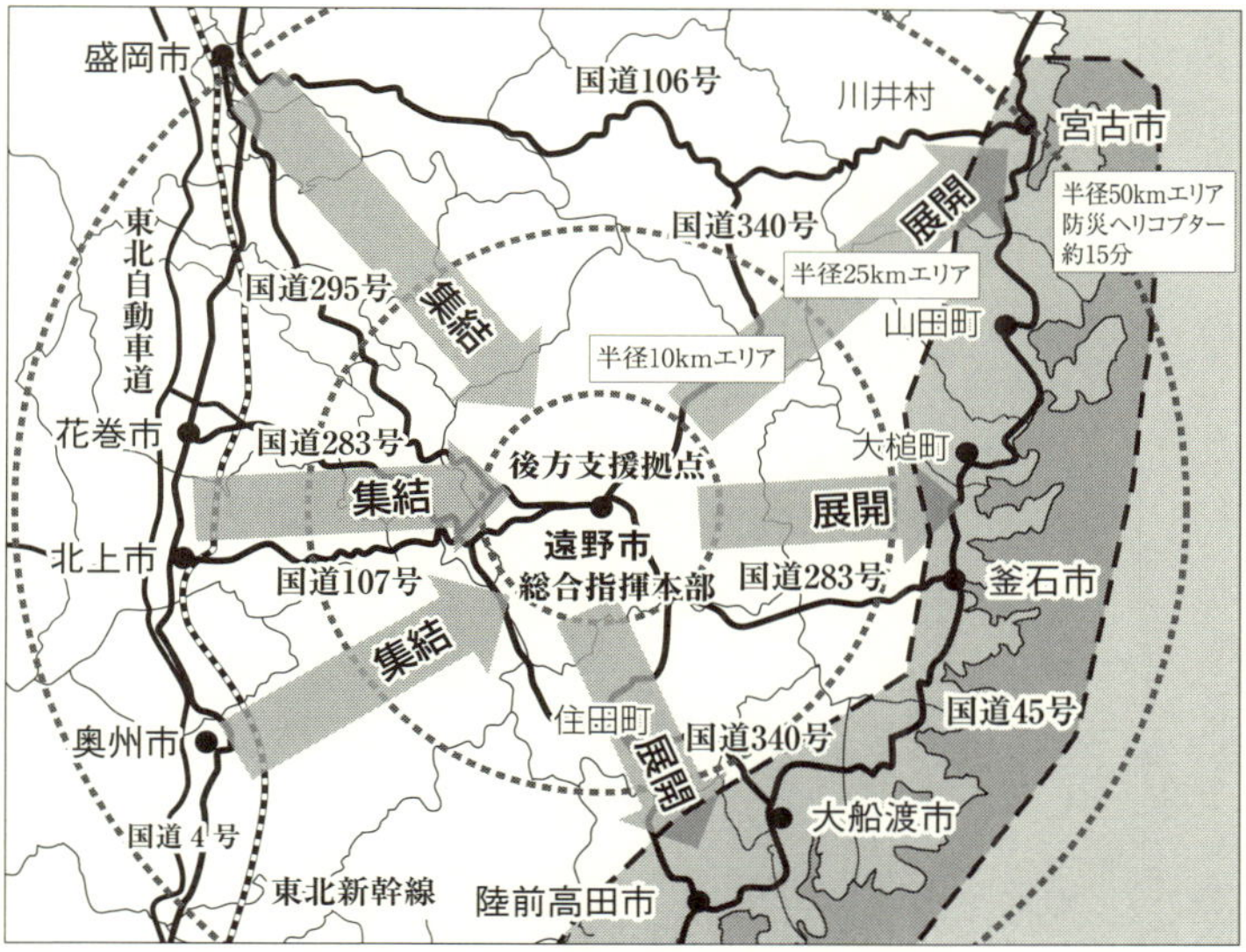

資料：遠野市『地震・津波災害における後方支援拠点施設整備構想』2007年度

大きく機能するものであった。[4]

筆者の関は当日、釜石市で被災し避難所（釜石のぞみ病院）に入り、翌日（一二日）早朝にガレキを避けながら国道二八三号で五キロほど内陸の岩手県庁の合同庁舎に徒歩で移ったが、早朝の八時に内陸側から大量の重機がいっせいに釜石に向かって走っていく姿をみて、そのあまりの素早さに驚愕した。自走式の重機、トラックに載せられた重機が大量に釜石に向かっていった。後に確認すると、岩手県建設業協会は内陸と沿岸の個々の都市間で、災害時には即出動する体制をとっていた。県の依頼を受け、即、県建設業協会は各市の協会に指示し、一斉に出動したとされている。釜石に対しては遠野と花巻の建設業協会が対応することになっていたのであった。

北上、花巻の被災地中小企業支援

被災一カ月を過ぎたあたりから、支援のテーマは被災者の生活再建、被災中小企業の事業再開などとなっていく。盛岡、花巻、北上、奥州、一関といった内陸の北上川流域の諸都市は、公営住宅などによる被災者の受入れ、生活支援を意識する支援センターの設置などに腐心していった。この点、被災した中小企業支援も内陸各都市の行政、地域中小企業団体等で進められていった。

特に、岩手県の北上市、花巻市は従来から地域産業振興政策に意欲的に取り組んできた市とされ、中小企業育成等のノウハウがあり、また、インキュベーション施設、貸工場なども用意されていた。いずれも六月には空いている貸工場の被災中小企業への無償提供を表明、数社を受け入れている。また、受け入れるだけではなく、事業再建に向けた多方面にわたる支援も提供していった。

また、民間レベルでも、北上の有力企業が参加する北上ネットワーク・フォーラム（KNF、会員九八社）が即反応し、従来から連携をとっていた釜石の中小企業支援に踏み出し、先方のニーズに合わせ、津波によって流されてしまった工具、測定器類を会員から集め、二〇五八点を六月一三日には釜石の中小企業にトラックで届けている。受け取った釜石の中小企業は「涙が出るほど嬉しい」と語っていた(6)。このKNFは釜石地区の中小企業の復興を視野に入れ、必要に応じた支援を継続しているのである。

また、花巻市には花巻市起業化支援センターという全国的に最も成功したとされるインキュベーション施設がある。単なる場所貸しではなく、徹底した起業支援を行うことで知られている。今回の被災後も、二〇一一年六月初旬には、空き室を三年間無償の条件で被災企業に貸し出している。ここには宮古、山田、釜石の中小企業が入居し、再建に向かって歩みだしていた。

このように、岩手県では内陸と沿岸の諸都市が従来から多方面にわたって連携を重ねており、初期の救援、支援物資の提供、住宅の提供等に加え、被災した中小企業の復興支援にも取り組んでいる。むしろ、この震災を契機に内陸と沿岸の都市の交流が深まっているようにみえる。盛岡市と宮古市・山田町、花巻市・北上市と釜石市・大槌町、奥州市・一関市と大船渡市・陸前高田市などが連携をいっそう深めている。それは行政ばかりでなく、市民、そして中小企業にも深く浸透しているのであった。

二　後方支援都市の花巻

岩手県の内陸と沿岸の都市には、以上のような交流と連携の下地がある。そのような枠組みの中で、津波被災した大槌町とたまたま大槌のホテルに泊まっていた秋田県五城目町の人びとを媒介に、新たな交流、連携の枠組みが形成されていった。

被災地支援アンテナショップを中間の花巻に設置

津波で社長を失った浪板観光ホテルは事実上、休業状態になり、従業員は散り散りとなった。先の小笠原氏は出身の釜石で職探しを始め、またパソコン技能研修のための職業訓練にも通い始めた。そして、しばらくした二〇一一年秋に、先の五城目ツアーの団長の子息で五城目町商工振興課長の猿田俊彦氏から小笠原氏に連絡が入った。「大槌と五城目とで被災者支援をしないか」というのであった。

五城目町は町民を守ってくれた恩義を深く感じ、米などの支援物資を大量に送り続けていた。小笠原

「結海」の店先

「結海」の店内（いずれも2013.10.13）

氏も被災前に働いていた被害の大きかった大槌の復興に大きな関心を抱いていた。猿田氏と小笠原氏の尽力により、当時、大槌と五城目の産品を販売する店を開き、被災者を雇用することにしていく。ただし、大槌で開店することは難しく、五城目との中間点である花巻市の「道奥・金婚亭」が浮上してくる。道奥は小笠原氏との関係で、三陸ツアーのバスの立ち寄り地点であった。昼食を金婚亭で摂り、二時間半をかけて浪板観光ホテルに向かうというコースがあった。

道奥は大型の観光物産施設（金婚亭、銀婚亭）であり、レストラン、みやげ品の販売、漬け物などの加工品の生産にも従事していた。それらの諸施設の中で雑穀展示販売コーナーと雑穀料理を提供する銀婚亭（約九〇〇平方メートル）という施設があるが、常時使っているわけではなかった。この場所の半分ほどのスペースが被災地支援アンテナショップ「結海」として浮上してくる。小笠原氏からも、五城目町役場からも「ここでやりたい」との要望が寄せられた。

沿岸への後方支援拠点の一つであった花巻には多くの関係者が訪れ、金婚亭で食事を摂り、帰りに物産を買っていく人が多かった。道奥の二代目社長の阿部久美子さんは、即、了解し、二〇一二年一月から調整に入っていく。阿部さんは「内陸が被災地を応援するための取り組み。太平洋と日本海の横の連携軸を活かして、みんなで復興に向かうキッカケにしたい」と語っていた。

三 「結海」の事業スキーム

場所の目処がついたことから、小笠原氏を中心に大槌町役場と調整を重ね、大槌で被災し、売る場所を探している地元業者の品物をメインにしていくことを考える。五城目側の品物については、町役場からの紹介などを重ねていった。当初、大槌のものがなかなか集まらず、海産物加工の気仙沼市のカネショウ原田商店に頼んで沿岸のものを集めていった。その後、大槌のものも集まるようになっていった。二〇一三年一〇月現在、大槌（五～六社）を中心とした沿岸の一五～一六社のものが集まっている。五城目側からは、伝統の家具、刃物、醸造品などが届けられていた。また、地元の花巻の漬け物なども置いてあった。構成は、大槌（沿岸）七〇%、五城目二〇%、花巻一〇%である。なお、花巻市には現在でも沿岸で被災した五〇〇人ほどの人が避難しているが、その女性たちが「はまぎくの会」を作り、手工芸品を持ち込んできている。

阿部久美子さん
(2013.10.13)

なお、このスキームでは、沿岸の物品は売上額全部を売り主にバックしている。五城目と花巻のものは一五%のマージンをとっ

「はまぎくの会」の手工芸品

「結海」に展示されている五城目の製品
（いずれも2013.10.13）

ている。従業員は花巻市の緊急雇用の枠を使い、六人分の賃金を確保している。雇用はハローワークを通じて沿岸で被災し、現在、花巻に居住している人を最優先としていた。二〇一三年一〇月現在、六人のうち五人は被災者であった。店長は開店当初は小笠原氏が就いていたが、その後、浪板観光ホテルに勤めていて被災した年配の女性が就いていた。「結海」の名称はなんとなくできたとしていたが、太平洋と日本海を結ぶことを意識していた。

このように、結海は興味深い事情を背景に成立してきたが、営業面では必ずしも芳しいものではない。知名度も低く、結海を目指してくる客はほとんどいない。また、隣の道奥に立ち寄っても、食事、土産店で時間をとられ、結海までなかなか立ち寄ってこない。緊急雇用は単年度であり、いつまで続くかわからない。結海を支えている阿部さんは「緊急雇用がないと、難しい」とみていた。

四　交流、連携から次の一歩に

釜石に戻った小笠原氏はボランティアガイドを務めながら、「結海」[7]を沿岸の大槌でも開店することを模索していく。ようやく最近、大槌の仮設商店街・福幸きらり商店街の近くに立地する目処がついた。二〇一四年中の開店を目指し、準備を進めている。

他方、五城目側でも町内の空店舗を使い、二〇一三年一〇月一五日に大槌町支援を意識した「みんなの店　あさいち」を開店している。自然災害の多い日本では、都市間の多方面にわたる連携、支援体制の形成が大きな課題になっている。二〇一四年に、大槌に「結海」が開店すれば、太平洋と日本海をつなぐ三つの場所で、被災地支援を深く意識する興味深い取り組みが重ねられていくことになる。

振り返ると、北東北では、これまでも多様な連携が形成され、交流が深められていた。近年の岩手、秋田のあたりでは、国道一〇七号沿いの日本海側の秋田県由利本荘市から、太平洋側の大船渡市までの一五市町村（当時）が連携し、「バザール街道一〇七」として多様な交流を深めてきた。また、製造業においては、比較的製造業の発達している秋田県由利本荘市、横手市、岩手県北上市、釜石市の東西の四市でＨＹＫＫ（Ｈは旧本荘市、以下、横手市、北上市、釜石市）という横の連携組織が形成され交流を深めてきた。このような交流と連携の積み重ねが、人びとの関心を呼び起こし、多方面にわたる支援に結びついているように思う。

ここで採り上げた大槌、花巻、五城目の交流は、むしろ被災によって開始されたものだが、人びとや中小企業の地域間の交流と連携は新たな価値を生み出していく。今回の被災からの復旧、復興過程の中で実に多様な交流、連携が生まれた。その「きずな」を大切に次の一歩に踏み出していくことが求められているのである。

(1) 大槌町の輪郭、被災状況、その後の産業復興の取り組みに関しては、関満博「岩手県大槌町／地域産業の復活に向かう三陸の小さな町――壊滅したまちに『ともしび』が点き始めている」(関満博『東日本大震災と地域産業復興Ⅱ』新評論、二〇一二年、第1章)。

(2) この間の事情は、『日本経済新聞』二〇一三年一〇月六日、に紹介されている。

(3) 道奥については、関満博『「農」と「食」の農商工連携』新評論、二〇〇九年、Ⅲを参照されたい。

(4) この間の事情については、遠野市『遠野市後方支援活動検証記録誌』二〇一三年、に詳細にまとめられている。また、遠野の道の駅を軸にした取り組みとして、関満博「岩手県遠野市／休憩場所の提供と商品供給に努めた『遠野風の丘』」(関満博・松永桂子編『震災復興と地域産業 3 生産・生活・安全を支える「道の駅」』新評論、二〇一三年、第7章)を参照されたい。

(5) 北上市については、関満博・加藤秀雄編『テクノポリスと地域産業振興』新評論、一九九四年、花巻市は、佐藤利雄「インキュベータの運営ノウハウ――花巻起業化支援センターの取り組み」(関満博・関幸子編『インキュベータとSOHO』新評論、二〇〇五年、第九章)を参照されたい。

(6) この北上ネットワーク・フォーラム、花巻市起業化支援センターの取り組みついては、関満博『東日本大震災と地域産業復興Ⅰ』新評論、二〇一一年、第13章を参照されたい。

(7) 大槌町の「福幸きらり商店街」については、関、前掲『東日本大震災と地域産業復興Ⅱ』第1章、及び、姜雪潔「岩手県大槌町／浸水した小学校校庭に設置『福幸きらり商店街』」(関満博・松永桂子編『震災復興と地域産業 4 まちの自立を支える「仮設商店街」』新評論、二〇一三年、第2章)を参照されたい。

第Ⅲ部

起業支援の推進

第8章　岩手県大槌町／復旧・復興を通じて社会課題に向かう

――社会企業家のインキュベータ（おらが大槌夢広場）

山藤竜太郎

岩手県上閉伊《へい》郡大槌町は、岩手県沿岸の下閉伊郡山田町、宮古市、遠野市、釜石市に囲まれた面積二〇〇・五九平方キロの町であり、二〇一一年二月二八日時点での人口は一万五九九四人であった(1)。二〇一一年三月一一日、この町を地震とともに巨大な津波が襲った。津波浸水深は町役場付近で一〇・七メートル、井上ひさしの小説『吉里吉里人』のモデルとも言われる吉里吉里地区の吉里吉里漁港東側では二二・二メートルもの大津波に襲われた。浸水面積は住宅地・市街地の面積の五二％にも及ぶ四平方キロにも達した(2)。

震災の被害は二〇一四年一月一日現在で、死者八〇三人、行方不明者四三一人、関連死五〇人で一二八四人と、震災前の人口の八％超にも達している。町民全体が震災で大きな被害を受けただけでなく、町長（当時）の加藤宏暉氏を含め、当時の町職員一三六人中三二人が死亡・行方不明となった。町長の不在は約五カ月間続き、町職員の犠牲も課長以上の幹部職員が中心であったため、行政機能の復旧に長い時間がかかった。

二〇一一年八月二八日の町長選挙で碇川豊氏が新町長に選出され、同年一〇月七日の条例改正で副町長を一人から三人に増やし、それまでも副町長であった佐々木彰氏に加え、国土交通省の石津健二氏と岩手県庁の高橋浩進氏を副町長に迎え、ようやく行政機能が復旧し始めるまで、震災発生から半年以上の時間が経過していた。

このように、被災地域の中でも特に行政機能に甚大な被害を受けた大槌町の復旧・復興には、行政の力だけでは十分ではなく、民間の力が不可欠であった。そうした大槌町の公民連携の中心の一つとなってきたのが、ここで取り上げる「おらが大槌夢広場」である。[3] おらが大槌夢広場は、行政を支えるだけでなく、その活動を通じて社会企業家（社会課題を事業を通じて解決する人）のインキュベータとしての役割を果たしてきた。

一　おらが大槌夢広場の設立と復興食堂

三陸夢会議in大槌

おらが大槌夢広場の出発点は、二〇一一年七月一七日に開催された「三陸夢会議in大槌」である。津波の影響で営業できなくなったパチンコ店「ルート45」で、七月一七日と一八日の両日に「いわて三陸復興食堂」がイベントとして開店されることになった。その開店前に、岩手大学農学部教授の広田純一氏をコーディネーターとしてパネル・ディスカッションが行われた。大槌町側のパネリストは阿部敬一氏、臼沢良一氏、柏崎浩美さん、佐藤剛氏、三陸地方出身のパネリストは駒木文恵さん（釜石市）、斉藤秀喜氏（山田町）、松本哲也氏（奥州市）、八木健一郎氏（大船渡市）であった。

三陸夢会議in大槌の企画の中心となったのは、雫石吉隆氏（一九五七年生まれ）である。雫石氏は盛岡博報堂（二〇一二年七月一日以降は統合されて東北博報堂）で営業局長を務める一方で、「三陸に仕事を！プロジェクト」の事務局長として「浜のミサンガ環」の仕掛け人となるなど、震災からの復旧・復興を様々な側面から支援している(4)。

三陸夢会議in大槌のパネリストの一人であった阿部敬一氏（一九六八年生まれ）は、大阪の調理師専門学校で調理師の資格を取得し、大阪や東京のレストラン勤務を経て、大槌町で農業を営む実家の後継者となっていた。釜石・大槌地域農産物等直売所グループ事務局長を務める若手のリーダー的な存在であり、震災前から出店を計画していた直売所「結ゆい」を会議の前日の七月一六日にようやく開店させたばかりであった。

おらが大槌夢創造委員会

三陸夢会議in大槌がきっかけとなって地元の有志が集まり、毎週のように会合を開く中で、阿部氏を代表として「おらが大槌夢広場創造委員会」が八月に結成された。おらが大槌夢広場では、その設立目的を「東日本大震災により激甚な被害を受けた岩手県大槌町において、町民・専門家を含めた幅広い知識と行動力を結集し、町づくりに関する事業を行い、観光業・商工業・農水産業の発展と、それらの担い手である大槌町民の生活再建に寄与する事」と定めている。

とはいえ、任意団体にすぎないおらが大槌創造委員会が「町づくりに関する事業」を行うためには、行政との連携が不可欠である。そこで、阿部氏は雫石氏らとともに、当選したばかりの碇川豊新町長の自宅を九月に訪ね、おらが大槌夢広場の趣旨と町の復興への想いを語ったところ、碇川町長の賛同を得ることに成功、おらが大槌夢広場は大槌町における公民連携の象徴となり始めた。

復興食堂の開設

おらが大槌夢広場の中心的な存在であったのが、おらが大槌復興食堂である。小川淳也氏は震災を契機に社会活動に目覚め、友人の臼沢和行氏を誘ってキッチンカーを運営しており、阿部氏の結ゆいの開店時にも出店していた。小川氏の母方の祖父の家は小鎚神社の近くにあったが、津波で流失してしまっており、その土地を活用して二〇一一年一一月一一日、おらが大槌復興食堂を開店した。

おらが大槌復興食堂は二〇一二年三月までテントで運営されていたが、テントは強風の際は養生が必要であり、レンタル料も月額一二〇万円と高額であった。テントの方が「雰囲気があって良い」との評価もあったものの、二〇一二年四月以降はスーパーハウス（箱形のプレハブ式ユニットハウス）に変更され、費用も半分程度になった。

テント時代のおらが大槌復興食堂（2012.2.9）

二代目おらが大槌復興食堂（2012.9.20）

名物メニュー「おらが丼」

おらが大槌復興食堂の開店時のメニューは「おらが丼」「海鮮丼」「大槌うどん」の三種類だけであった。その中でも名物メニューと言われるのが「おらが丼」であ

おらが丼（2012.9.20）

る。大槌町は「新巻鮭」発祥の地であり、大槌町の名物である鮭のほぐし身を餡にからめ、醤油漬けのイクラを載せた丼は、大槌町の基幹産業の一つである水産業と結びついた象徴的なメニューである。開店当初は復興のシンボルとして採算を度外視して、すべてのメニューを五〇〇円で提供していたが、さすがに経営的に苦しくなり、後におらが丼や海鮮丼は八〇〇円に価格改定されている。

おらが大槌復興食堂は、二〇一三年四月におらが大槌夢広場から独立した。その後は、大槌町の町方地区の盛土工事（嵩上げ）の仮道路の建設予定地となったため、おらが大槌復興食堂は二〇一三年一二月二〇日で一時的に営業を終了した。二〇一四年五月上旬に福幸きらり商店街前で営業再開する予定であった。

二　社会企業家の独立

おらが大槌夢広場がはぐくむプロジェクト

おらが大槌復興食堂をはじめとして、おらが大槌夢広場には数多くのプロジェクトが存在する。大別すれば、①大槌ひと育て×まち育て大学、②大槌復興ツーリズム事業、③こども議会、④復興館、⑤大槌新聞、⑥町方ドーム、⑦新規事業開拓、⑧独立支援事業の八種類があげられる[5]。

それらは組織としては、（Ⅰ）公共公益事業チーム、（Ⅱ）大槌観光コンベンションビューロチーム、（Ⅲ）新規事業開拓チーム、（Ⅳ）独立支援事業チームの四つのチームで運営されている。

（Ⅰ）公共公益事業チームは、「大槌町民の心のケア等、公益的な活動に資するセクション。将来は行政の対等なパートナーとして、公益社団法人化を目指す」とあり、③こども議会、④復興館、⑥町方ドームなどの運営が含まれている。

（Ⅱ）大槌観光コンベンションビューロチームは、「被災地観光について包括的に担当するセクション」とあり、②大槌復興ツーリズム事業が中心となる。大槌復興ツーリズムはおらが大槌復興食堂をツアーの出発点とすることが多く、復興食堂がおらが大槌夢広場の他のプロジェクトにとっても中心的な存在であることが示されている。

（Ⅲ）新規事業開拓チームは、「今の被災地に必要な事業、便益が期待できる事業について検討し、実践するセクション」とあり、⑦新規事業開拓として、植物工場等について検討している。

（Ⅳ）独立支援事業チーム、「目標の定まった緊急雇用者の独立を支援するセクション（研修の斡旋等）」とあり、⑧独立支援事業として、おらが大槌復興食堂やおらが大槌浜工房を支援していた。

独立支援事業とおらが大槌夢広場のスタッフの独立

おらが大槌復興食堂は⑧独立支援事業に含まれ、おらが大槌復興食堂が二〇一三年四月に独立したことは既にみた通りである。その他の事業では、「Bar Lito」と「Thanks on the road」がおらが大槌夢広場から独立を果たしている。

「Bar Lito」はイタリアンレストランであり、代表である木村省太氏は、大槌町を子どもたちに誇れる町にするために一念発起して独立した。木村氏の周りの人びとは、「震災前なら考えられない」と言うが、震災とその復旧・復興を通じて、木村氏は町への想いを強くしたのである。

「Thanks on the road」は、古舘王士《きみお》氏が大槌の特産物を載せたキッチンカーで全国行脚をするプロジェクトである。このプロジェクトは、まだビジネスとして安定的な収益を上げる段階には到達していないが、古舘氏の熱い想いで運営されている。

独立支援事業の目的は、「町の復興を思い、町の将来を思い描き、目標の定まった働き手世代の独立開業を、アイディアの段階から開業までをサポートする」ことである。しかし、⑧独立支援事業だけでなく、おらが大槌夢広場の活動自体が、社会企業家を育ててきた。

例えば、おらが大槌夢広場は設立当初から、「行政機能の低下した部分の補完や外部への情報発信強化、地場産業やツーリズム事業の活性化、町民の起業独立支援等の側面」において活動してきた。その中で「ひとがまちを育て」「まちがひとを育て」「まちがまちを育てる」可能性と必要性を実感したため、①大槌ひと育て×まち育て大学を二〇一二年九月に設立している。

おらが大槌夢広場のスタッフは一八人から、二〇一二年に三人が独立して一五人に、二〇一三年には食堂が独立して九人、その後二人が独立して七人になった。当初の半分以下の人数だが、これは震災復興の進展によるものもあるが、自らの事業として独立して巣立っていったスタッフが多いことが特徴である。つまり、おらが大槌夢広場は、社会企業家のインキュベータとしての役割を果たしてきたと言える。

三　おらが大槌夢広場を支えた事務局長

大槌町との出会い

おらが大槌夢広場は幅広い活動をしてきたが、これらの活動に組織としてまとまって取り組むことができたのは、事務局長として支えた臂徹《ひじ》氏（一九八〇年生まれ）の存在が大きかった。(6)臂氏は建設コンサルタントとして、国土交通省や地方自治体の都市計画の計画づくりに従事していた。

二〇一一年三月一一日も国土交通省で打ち合わせを行い、帰ろうとしたときに東日本大震災に遭遇した。国土交通省のエントランスのマルチスクリーンに映し出される映像に、臂氏は衝撃を受けた。津波の引き波で防潮堤がなぎ倒されるのを見て、自らが従事していた建設を生業にすることの虚しさを感じた。

臂徹氏（2014.2.7）

臂氏は祖母が大東町（現一関市）の出身で、陸前高田市などにも親戚がいるなど岩手県と縁が深かった。臂氏は震災直後に建設コンサルタントを辞めることも考えたが、まずはその経験を活かして、国土交通省の受託調査で五月に大槌町と釜石市の建物の状況の悉皆調査に取り組んだ。その後、国土交通省から大槌町の復興計画づくりを受託し、ルート45の三階の事務所に詰めていたため、おらが大槌夢広場の出発点となった、二〇一一年七月一七日にルート45で開催された三陸夢会議in大槌を目撃している。

おらが大槌夢広場の法人化と運営

臂氏は三陸夢会議in大槌を目撃した後、おらが大槌夢広場創造委員会の会議にも参加し、おらが大槌夢広場を一般社団法人として設立するための膨大な書類の作成の中心を担った。おらが大槌夢広場に集まったメンバーは、大槌町の復興への熱い想いはあったが、書類作成や行政との交渉のノウハウはほとんどなかった。臂氏の経験と知識は、おらが大槌夢広場にとって大きな支えとなった。

臂氏は二〇一一年一一月二日の法人化の後も、建設コンサルタント会社の社員をしながら、おらが大槌夢広場を支え続けた。しかし、会社はいずれ辞めるつもりだったこともあり、二〇一二年三月で会社を辞め、三月一〇日から、おらが大槌夢広場の事務局長に専念するようになった。

臂氏がインタビュー中に何度も口にした言葉が「装景家」である。宮澤賢治は田村剛の用いた「装景」（Landscape Architecture）という言葉に基づいて、「装景手記」という詩を発想した(7)。臂氏の祖母の実家は、宮澤賢治の働いていた採石場のすぐ近くであり、臂氏は宮澤賢治にシンパシーを感じていた。

臂氏は自らの専門である建築家という職業を「景色を装う専門家」と捉え、地域住民の愛する場所（風景、景色）を支える（彩る、装飾する）ことを自らの役割とした。おらが大槌夢広場も、大槌町の地域住民が主体となりつつ、臂氏のような外部者が支えることで、組織として様々なプロジェクトを実現することができたのである。

社会企業家として

社会企業家を育て、彼（彼女）らが巣立つおらが大槌夢広場であるが、臂氏も二〇一三年一二月に独立している。現在は、株式会社Next Cabinet IWATE 代表・専務として、岩手県全体の震災復興事業に関わるようになっている。おらが大槌夢広場では基本的に大槌町の事業にしか関与することができなかったが、Next Cabinet IWATEでは陸前高田市や大船渡市など、大槌町に限らず岩手県各地の事業に取り組むことができるようになった。

臂氏は二〇一四年一月にETICの事業で米国オハイオ州のウィルミントンを訪問した。岩手県、宮城県、福島県から三人ずつ、ハリケーン・カトリーナにより大きな被害を受けたニューオーリンズや、DHLのハブ（中継地）建設が失敗した結果、約八〇〇〇人の雇用が失われたウィルミントンなどを視察するツアーであった。

そこで臂氏が印象的であったことは、被災や失業に苦しむまちおこしで活躍する米国の人びとが、自らを社会企業家と呼ぶだけでなく、臂氏ら日本側のメンバーのことも社会企業家と呼ぶことであった。日本ではようやく浸透し始めた社会企業家という言葉が、米国では当たり前の言葉になっていたのである。

四　おらが大槌夢広場の役割

大槌復興ツーリズム事業の起点ともなり、おらが大槌夢広場の中心的な存在であった、おらが大槌復興食堂は二〇一三年四月に独立した。独立支援事業からは、「Bar Lito」と「Thanks on the road」も独立している。

さらに、おらが大槌夢広場のスタッフも、最盛期の一八人から一一人が独立して、七人を残すだけとなった。おらが大槌夢広場を法人化前から支えた事務局長であった臂氏も、二〇一三年一二月に独立した。このように、おらが大槌夢広場は、その活動の中から社会企業家を育て、社会企業家を独立させるインキュベータとしての役割を果たしてきたのである。

東日本大震災からの復旧・復興を通じて、自らが社会企業家となり、また周りの人びとを社会企業家として育てる活動が東北地方を中心に全国に広がった。おらが大槌夢広場もこうした動きと連動しており、数多くの社会企業家を生み出し、彼（彼女）らは新たな舞台で活躍しつつある。

東日本大震災は未曾有の大災害であり、復旧・復興もまだ道半ばである。しかし、その復旧・復興の中から、いくつかの社会的な動きが芽生え始めており、その一つが社会企業家の広まりである。社会企業家に相当する人びとは以前から存在したものの、日本においてこれほどまでに広範囲に社会企業家が生まれたのは、初めての経験であろう。彼（彼女）らの活動は、東日本大震災からの復旧・復興に貢献することはもちろん、今後の日本のあり方を変える役割を果たすことが期待される。

（1）大槌町における東日本大震災による被害の詳細については、大槌町『大槌町東日本大震災津波復興計画基本計画』二〇一三年一二月、を参照されたい。
（2）大槌町の被災と復旧・復興の全体像については、関満博『地域を豊かにする働き方――被災地復興から見えてきたこと』筑摩書房、二〇一二年、第2章を参照されたい。
（3）おらが大槌夢広場の詳細については、一般社団法人おらが大槌夢広場（http://www.oraga-otsuchi.jp/）および、朝日新聞「おらが大槌夢広場（一）～（三二）」二〇一三年一月四日～一月三一日、を参照されたい

い。

（4）この「浜のミサンガ環」については、本書、第11章、関満博『東日本大震災と地域産業復興 I』新評論、二〇一二年、第7章を参照されたい。

（5）おらが大槌夢広場の各プロジェクトについては、一般社団法人おらが大槌夢広場（http://www.oraga-otsuchi.jp/）および、「岩手県大槌町の挑戦に学ぶ」（『東北復興新聞』二〇一二年七月二日）を参照されたい。

（6）臂氏の取り組みについては、臂徹「被災地における住民を主体としたまちづくり組織の設立——おらが大槌夢広場」（『農村計画学会誌』第三一巻第二号、二〇一二年）一六七—一六八ページを参照されたい。

（7）装景家については、鈴木誠「宮澤賢治のとらえた「造園家」と「装景家」」（『ランドスケープ研究：日本造園学会誌』第六〇巻第五号、一九九七年）四二一—四二四ページを参照されたい。

第9章　宮城県女川町／中間支援組織としてアントレプレナーシップを育む
――未来への希望を育てる（アスヘノキボウ）

立川寛之

二〇一一年三月一一日に発生した東日本大震災で巨大津波により市街地の八割を失った町、宮城県牡鹿郡女川町。発災後、三年を経て瓦礫処理も収束し、町の復興計画に基づき土地の嵩上げ工事が進んでいる。二〇一五年三月にはJR石巻線女川駅が復旧し、駅周辺には中心市街地が形成され、いわばまち開きの第一段階を迎えようとしている。

しかし、本格的な復興に向けて、課題は少なくない。東北地方沿岸部は、震災前から条件不利地であり、高齢化、過疎化といった問題を抱えていた。そこに震災が発生し、人口流出に伴う産業空洞化という課題にも直面している。女川町は震災前、高齢化率は県内第二位であり、高齢化の著しい町であった。これに加え、一万人強であった人口も、津波被害と人口流出により七四一〇人（二〇一四年二月二八日、住基台帳）となっており、実際に居住している人口は五〇〇〇人程度との見方もある。

こうした現状の中では、何よりも産業の復興が急務であり、域内雇用を生み出し、居住へと結びつけ、労働力人口を確保するという好循環を目指していく必要がある。女川町でも水産加工団地が出来つつあり、主力産業の復興に向けて道筋がみえてきた。一方で、震災以前から抱えていた社会課題に対してどう向き合っていくか。その萌芽とも言うべき活動が複数現れてきている。こうした中、まちの復興のために自らの果たすべき使命を見いだし、歩みを進める企業家たちを支える存在、それが特定非営利活動法人アスヘノキボウ（以下「アスヘノキボウ」）である。その代表理事を務める小松洋介氏（一九八二年生まれ）は、震災を機に大手企業から転身し、女川町の復興に向けて支援活動に東奔西走している。

一　人生を大きく変えた東日本大震災

アスヘノキボウの設立は二〇一三年四月。代表理事を務める小松氏は、東日本大震災をきっかけにそれまでのサラリーマン生活を捨て、社会企業家として起業した。女川町復興のために一意専心に活動し、今となっては女川町で動くプロジェクトには欠かせない存在となっている。

サラリーマンから社会企業家へ

仙台市出身の小松氏は、地元の大学を卒業すると、リクルートに入社。結婚情報誌『ゼクシィ』担当の営業マンとして活躍していた。新人の頃、三陸沿岸部を担当していた小松氏は、二三歳で結婚し、その後、家族を仙台市に残して北海道支社へ単身赴任しチームリーダーとして辣腕を振るっていた。

小松洋介氏（2014.3.10）

二〇一一年三月一一日、体調不良により自宅で静養中に強い揺れに見舞われる。これはただ事ではないと感じ、テレビで被害状況を確認した。そこで目にしたのは、新人の頃に巡っていた町や建物が次々と巨大津波に飲み込まれる映像だった。幸い仙台市の家族は無

事であったが、札幌で仕事をし、週末は家族の元へ帰るという生活を続ける中で、札幌の日常と非日常的な被災地との間にギャップを感じ、被災地に対し何か出来ることはないかとの想いを募らせていった。

被災地のことが頭から離れなかった小松氏は、支社長に今後の自分の人生、そして身の振り方について相談したところ、支社長から週一回話し合いの時間をつくろうと提案された。話し合いでは、これまでの人生を振り返り、自分が本当にしたいことは何か、生きる目的は何かを徹底的に洗い出した。それは半年間続き、自己理解を深めることとなった。その結果、導き出した結論は、自分は「人のために汗をかいて、喜んでもらうこと」を実践することが自己実現なのだと悟り、二〇一一年九月に同社を退職した。

女川町の人びととの出会い

退職した小松氏がまず行ったことは、とにかく様々な人に会って話を聴くこと。そうした中でリクルートOBの先輩に出会った際、トレーラーハウスを活用した商店街の構想を目にする。小松氏は、沿岸部の被災地が抱える、人口流出、瓦礫処理の遅れといった課題を解決するには、宿泊施設が必要であるとの考えを持っていたことから、その先輩と共にトレーラーハウスを活用した宿泊施設の構想を描いていく。宿泊施設があれば、そこが作業員の拠点となり、効率よく瓦礫処理を進めることができ、また、滞在型の観光プランを提案することも可能となる。こうした思いを抱いて三カ月をかけて沿岸部の行政や商工会などを訪問、現地のニーズを分析しながら、宿泊施設の構想をブラッシュアップしていった。

気仙沼市から山元町まで被災地を回ったが、多くの場合、何の肩書きも無い青年が話をしても、まともに取り合ってもらえず歯がゆい思いをしていた。その中で女川町の人びとの反応は違うものであった。町役場の紹介で女川町商工会の青山貴博副参事と出会ったところ、初対面ながら真剣な眼差しで話を聴いてくれた。青山氏は、当時女川町復興連絡協議会（以下「女川ＦＲＫ」）のメンバーとして、仮設商店街の設置をはじめ、女川の復興のために奮闘していた。(1) 折しも女川ＦＲＫは、民間の立場から復興プランを町行政に提案しようと準備を進めていたところであり、小松氏の構想は女川町の復興に向けて必要となるはずだと認められ、女川ＦＲＫの戦略室メンバーとして迎えられることになった。これが社会企業家への扉を開くこととなったのである。

二　特定非営利活動法人アスヘノキボウの設立

二〇一三年四月に設立されたアスヘノキボウのホームページには、「私たちは、地域の変革を目指す日本中の地域の方々に対して、『まちづくり計画』を作成し、『産業活性』と『暮らしの活性』を実現させることで地域の変革に寄与すること」が目的として掲げられている。この目的を実現させるため特に強調しているのは「経営的な視点」である。被災地を復興するには、長期的な視点が必要であり、そのためには持続可能な活動でなければならない。小松氏には、山積する課題をビジネスの視点で解決していくという強い信念があった。

起業のきっかけとなったトレーラーハウスプロジェクト

被災地でまず実現したいと考えたプランは、トレーラーハウスを活用した宿泊施設の設置である。被災地が抱える課題を解決するためには、必要不可欠な機能であると考えたためである。被災地を回った中で、最もスピード感をもって対応したのが女川町の女川ＦＲＫだった。商工会の職員であり、女川ＦＲＫのメンバーでもある青山氏は、小松氏に翌週に行われる女川町旅館組合の会合に出席するよう勧めた。震災前、旅館組合には一二社が加盟していたが、八社が被災し全てを失い、そのうち四社が再建を目指して会合を重ねていた。

小松氏は、旅館組合の会合でトレーラーハウスを活用した宿泊施設のプランを説明、その後四社は女川町宿泊村協同組合を設立し、二〇一二年一二月にエルファロ（スペイン語で灯台の意味）をオープンした。この取り組みは当初女川ＦＲＫの一プロジェクトとして進めていたが、起業からフォローアップまで一貫して行いたいと考えた小松氏は、二〇一二年の秋にＮＰＯ法人設立の申請を行い、翌年四月に自ら代表理事となりアスヘノキボウを設立した。

中間支援組織として

アスヘノキボウは、小松代表理事以下五人でスタートした。メンバーにはリクルート時代の先輩と後輩の二人、大手金融機関を辞めてＩターンで女川町に来た若手もいる。そして副理事長には女川ＦＲＫの戦略室長である黄川田氏が就任した。黄川田氏は、東京で事業を起こしていたが、震災をきっかけにＵターンしてきた。起業家精神旺盛で、女川ＦＲＫのプロジェクトとして様々な仕掛けを行うアイデアマンであり、小松氏の後見人とも言える人物である。

経営的な視点で地域の活性化に取り組む小松氏は、リクルート時代にエリアリーダーも務めるほど実績のある営業マンであり、自分の足で現場を回り、そこからニーズを分析する能力を培ってきたことがバックボーンとなっている。さらに、女川町で活動する傍ら「ダイムラー・日本財団イノベーティブリーダー基金」を活用し、グロービス経営大学院に通っている。法人設立から一年弱、現状の収入の軸は寄附金、国や県からの委託事業となっているが、将来的には経営コンサルタントを収益事業の中心に据えていく考えだ。

アスヘノキボウの役割は、中間支援組織として地域の起業家を支援するというところにある。小松氏は被災地の復興には、まち全体を俯瞰的にみて、欠けている機能を見極め、不足している機能を付加していく役割が重要であると考えている。トレーラーハウスを活用した宿泊施設もその発想に基づいている。もちろん、必要なリソースが必ずしも地域内にあるわけではない。その場合は、人的ネットワークを駆使して外部リソースを活用していく。アスヘノキボウは女川町を客観的に分析し、最適な人、物、資金、情報をマッチングさせることを使命としている。

三　アスヘノキボウの活動実績

アスヘノキボウは女川ＦＲＫ戦略室として女川町の復興計画策定に参画したほか、事業再建の支援、新規事業立ち上げの支援などを行っている。本章では、被災企業の再建の事例としてトレーラーハウスを活用した宿泊村「エルファロ」と新規起業の事例としてNPO法人みなとまちセラミカ工房の立ち上げ支援のケースをみていく。

(1) 女川町トレーラーハウス宿泊村「エルファロ」(女川町宿泊村協同組合)

二〇一二年一二月二七日、女川町の清水町地区にトレーラーハウス二四台、客室数四八室の宿泊村が誕生した(その後、増床し現在では三二台、六四室となっている)。同地区は津波浸水地区であり、本来であれば建築物を建てることが出来ないエリアだが、可動式のトレーラーハウスであるため特別に認められた。運営は女川町宿泊村協同組合の佐々木里子理事長(一九六八年生まれ)以下メンバー四人による共同運営としている。元々、女川町には旅館組合があり一二の宿泊施設が加盟していた。しかし、八施設が津波被害に遭い、再建を目指した四人によりエルファロを開業した。

被災と再建への思い

佐々木さんは、女川町で五〇年余続いてきた老舗旅館「奈々美や旅館」で、両親とともに旅館を切り盛りしていた。震災当日、休憩中に突然強い揺れに襲われ、すぐに津波警報が発せられた。佐々木さんは、四人の子どものうち、次男を幼稚園に、そして次女を女川第一小学校へと迎えにいった。町のはずれにある小学校から旅館のある中心街へ戻ろうとした時、対向車の方から津波が迫っていることを聞かされ、すぐにUターンした。佐々木さんは、迫り来る津波をすんでのところで回避し高台に逃れることができたが、津波で旅館と共に両親を失ってしまった。

一度は姉を頼りに仙台市へ移り住んだが、震災から半年が経ち、女川町内に中古物件を見つけ、暮らすようになった。この頃、旅館組合のメンバーは定期的に会合を開いていたが、浸水地域では建築制限で再建することが出来ないことから、一人、また一人と、再建を諦めていった。それでも、佐々木さんは「きっと両親が生きていたら同じことを考えたはず」と、女川町が失った光を取り戻すためにも再建への思いを強くするのであった。

女川町トレーラーハウス宿泊村「エルファロ」

佐々木里子理事長（いずれも2014.3.10）

エルファロの開業

二〇一一年一〇月、肩書きの無い青年が旅館組合の会合でトレーラーハウスを活用した宿泊施設について熱く語っていた。アスヘノキボウの小松氏である。佐々木さんは、当初、その計画は現実的ではないなと感じていたが、毎週会合に顔を出しては真摯に質問に答えていく姿に、いつしか信頼感が生まれ、共にプロジェクトを進めていくことになった。そこで、中小企業等グループ施設等復旧整備補助事業（グループ補助金）の申請を行うことになる。事業計画づくりなどは小松氏が全面的に支援していった。しかし、申請はしたものの、グループ補助金は復旧が原則であったため、震災前からトレーラーハウスを使っていなかったことが問題となった。宿泊村組合のメンバーと小松氏は、女川ＦＲＫの高橋会長や女川商工会の青山氏の協力を仰ぎながら、経済産業省に働きかけを続け、その結果、申請から八カ月後にようやく認められることになった。

補助金申請は認められたものの、次に直面したのは開業資金の問題だった。補助金は後払いとなるため、宿泊村建設に必要な約五億円の初期費用を組合員が一旦負担しなければならない。そこで、小松氏はビジネスプランをより説得力のあるものとし、金融機関から融資を引き出すことに成功していく。こうして紆余曲折がありながらもオープンに漕ぎ着けた。オープン後もアスヘノキボウの関わりは続いている。週一回行っている理事会には、アスヘノキボウから専任スタッフが必ず出席し、伴走型の支援を継続している。また、仙台市にあるロイヤルパークホテルの総支配人をエルファロに招き従業員教育を行うなど、人材育成支援にも注力している。

⑵　スペインタイルを女川町のシンボルに（みなとまちセラミカ工房）

女川高校のグラウンドに二〇一二年四月にオープンした仮設商店街「きぼうの鐘商店街」の一角に、色鮮やかな看板を掲げた店舗がある。スペインタイルを女川町の新たな文化としてまちづくりに活かしていこうという思いから二〇一三年四月に設立されたみなとまちセラミカ工房（以下「セラミカ工房」）である。理事長の阿部鳴美さん（一九六一年生まれ）は、震災前に女川町の中心部から北に位置する漁業集落の御前浜に住まいがあり、集落内の公民館分館で陶芸サークルを主宰していた。しかし、二〇一一年三月の巨大津波により集落は壊滅、サークルの仲間一人を失ってしまった。阿部さんは民間の賃貸住宅で暮らしながら半年が経過した頃、じっとしていることがもどかしく感じ、仲間と共にいつか必ず再開すると誓ったのだった。

スペインタイルとの出会い

同年一一月、女川町の総合スポーツ公園の野球場を閉鎖し、多層コンテナ仮設住宅が建設された。女川町にしか見られない二、三階建ての多層コンテナ仮設住宅は、可住地面積が小さい女川町では仮設住宅の建設用地が確保できないことから苦肉の策で生み出されたものであった。この中心にある広場には、音楽家坂本龍一氏が寄贈した大型テントがあり「坂本龍一マルシェ」という名で親しまれ、コミュニティの核となっている。そのマルシェのイベントで阿部さんに陶芸教室をやらないかと

NPO法人みなとまちセラミカ工房

安倍鳴美理事長（中央）（いずれも2014.3.10）

声が掛った。その打合せの席上で多層コンテナ仮設住宅の設計にあたった建築家、坂茂氏に出会い、陶芸サークル再開への熱い思いを語ったところ、後日京都造形芸術大学から陶芸窯を寄附していただけることとなった。

しかし、陶芸窯を設置する場所も無かったため、阿部氏が必死に場所を探し歩いていたところ、きぼうの鐘商店街に事務所を置くこととなっていたサッカーチーム「コバルトーレ女川」から、事務所の一部を使わせてもらえることになり、二〇一二年三月に待望の窯が設置されることになった。

折しも、女川町は女川ＦＲＫを中心にスペインのガリシア地方との異文化交流を進めようとしていた。ガリシア地方はリアス式海岸を有し、さらに有数の漁場であることなど女川町との共通点が多く、また津波被害から復興したという歴史を持つ。その象徴的なものとしてスペインタイルに着目し、女川町の新たな文化として継承しようと考えた。アスヘノキボウの副理事長であり、女川ＦＲＫの戦略室長の黄川田氏の紹介で阿部さんは東京のスペインタイル絵付け教室に二カ月間通い、その教室主催の視察研修でスペインに行ったことが最大の転機となった。現地で目にしたスペインタイルで飾られた町並みや博物館で、一〇〇〇年前の様子がタイルに絵付けされ、歴史が語り継がれている様子を見て、女川町でもスペインタイルを通して後世にメッセージを伝えたいとの思いを強くしたのであった。

趣味のサークルから経営に

この間、アスヘノキボウの小松氏のサポートにより、内閣府の起業家支援事業を活用し、絵付け教室や視察研修の費用に充てている。また、活動を継続していくためには経営戦略が必要となるが、定期的に経営会議を開催し、その中には小松氏自ら出席し、コマーシャル戦略などアドバイスを行っている。阿部理事長は「趣味のサークルとして活動していた私たちにとって、経営のノウハウを教えていただき、たいへん助かっている」と語るようにアスヘノキボウが活動の支えとなっている。

セラミカ工房が生み出すスペインタイルは、先述のエルファロのルームナンバープレートにも採用されているほか、災害公営住宅のエントランスにも使われている。また、二〇一四年三月から数量限定ではあるが、ポケットモンスターの公式グッズとしてセラミカ工房のスペインタイルが採用された。

小松氏は、支援先に足りないものは何かを冷静に分析し、パンフレットひとつ作るにも最適なデザイナーとつなぎ、セラミカ工房の魅力が最大限発信出来るようにしている。このように、小松氏は大切なことは「正しい人を、正しいタイミングでつなぐこと」という信念のもとで、自身の持つ人的ネットワークを最大限に活かした支援を行っている。

四　社会企業家と中間支援組織

社会企業家が起こすビジネス、つまりソーシャルビジネスの定義は、経済産業省によれば社会課題に取り組むことを事業活動のミッションとしていること（社会性）、それをビジネスの形にし、継続的に事業活動を進めていくこと（事業性）、そして新しい社会的商品・サービスやそれを提供するための仕組みを開発すること（革新性）の三つの要件を満たすものとしている。

被災地は、町の復興という大きなミッションを背負っている。それ以上に、震災以前から条件不利地であるが故に、高齢化、過疎化、産業空洞化という地域課題を抱えてきたという点で、社会企業家が活躍する土壌がある。事実、沿岸部の被災地では地域が有する資源を再発見し、新たな価値を見いだそうとする取り組みもみて取れる。こうした課題に正面から向き合っている社会企業家にとって、アスヘノキボウのような中間支援組織の存在意義と、持続可能性について検討する。

女川町の企業を強くするために

アスヘノキボウは設立以来、事業の立ち上げや法人設立の支援を行ってきた。女川町ではセラミカ工房のような新規起業もあれば、女川町宿泊村協同組合や水産加工団地への入居企業のように事業再建に取り組む事業者も相当数出てきつつある。しかし、復興に向けては、個の力を上げていく必要があると小松氏は実感している。まずは事業所を再建することが急務ではあるが、震災以前と同様の経営を続けていたのでは、真の復興にはつながらない。ただでさえ、条件不利地である女川町にとって、そこで働く人、生産される物等々、これまで以上に魅力を高めていく必要がある。

小松氏は自身、企業を強くするためには経営戦略が必要との認識を持っているが、一方で小規模な企業が多い女川町ではコンサルタントに対する抵抗感も少なからずあるのではないかと考えている。そのため、大学院で学んだ内容をそのまま適用するのではなく、地域向けの教材や研修を開発し、まずは地域の経営者が自ら成長していくきっかけづくりに取り組もうとしている。

小松氏は第一段階として経営者の意識向上、第二段階では自己研鑽の機会の創出、そして第三段階でMBAの内容をローカライズしたカリキュラムの提供といった三つのステップをイメージしている。す

表9―1　中間支援機能の分類

機能 大分類	機能 小分類	具体例
コンサルティング機能	企業支援機能	法人設立支援（法人格取得、定款作成等）、SBの特性を踏まえた事業計画作成支援等
	運営支援機能	経理・税務・財務・会計・法律等支援（書類作成等）、ホームページ作成支援、事務所スペース支援等
	事業展開支援機能	営業マーケティング支援、経験に基づいた経営ノウハウ支援等
	人材育成機能	SB実践に係る講座・スクールの開催等
ネットワーキング機能	交流促進機能	多様な関係者（行政、企業、住民、SB等）が集まる場の設定、人材マッチング等
	コーディネート機能	専門的支援等の紹介・斡旋（ハブ機能）等
	情報発信機能	SB情報の発信（WEB、メルマガ）、マスコミへのPR、セミナー・シンポジウム開催、出版等
ファンドレイジング機能		設立・事業展開期等の資金調達、寄附・補助金等獲得支援等
調査研究機能		SBに関する調査研究・提言、評価・表彰等

資料：関東経済産業局『コミュニティビジネス中間支援機関のビジネスモデルに関する調査報告書』2009年3月を参考に筆者作成。

でに第一段階に着手しており、復興庁の支援制度「『新しい東北』先導モデル事業」を活用し、公益社団法人経済同友会の協力により「女川の人材交流プラットフォーム事業」を立ち上げた。

これは、女川町の未来を担う三〇～四〇代の次世代リーダーを養成するという目的のもとで、経済同友会に加盟している企業に五日間のインターンシップ（小松氏は「留学」と表現している）を行うものである。二〇一三年度は、水産業、サービス産業、観光協会の職員など一四人が「留学」した。単なる派遣ではなく、学びたいテーマを設定し、それに見合った企業とマッチングさせるために、一人二時間をかけて面談を行い、その内容を受け入れ企業に渡すことでミスマッチを起こさないよう最大限配慮している。その結果、意識改革が図られるとともに、大手企業との人的ネットワークの構築といった成果がみられた。今後、その研修効果を維持するために、「留学」した一四人に対してフォローアップとして月に一回のモニタリングを実施していく構えであった。

持続可能な中間支援組織を目指す

一般に中間支援組織の機能を大別すると、表9－1のように、コンサルティング、ネットワーキング、ファンドレイジング、調査研究の四つの機能がある。アスヘノキボウは、法人設立、経営戦略、マーケティング支援といったコンサルティング機能をはじめ、地域の起業家に外部リソースをつなぐネットワーキング機能、グループ補助金などの支援施策を有効活用し起業準備資金を確保するといったファンドレイジング機能、そして女川ＦＲＫの戦略室のメンバーとして女川町の復興計画の提言も行うなど調査研究に値する働きも果たしており、まさに中間支援組織として女川町の産業復興に寄与している。

社会企業家にとって、こうした助成事業への申請を円滑に進めるための支援（ファンドレイジング機能）と経営戦略を立てる（コンサルティング機能）は必要不可欠である。何故ならば、社会企業家の多くはその地域が抱える課題を解決するというミッションが先行して立ち上がるケースがほとんどであり、収益を上げて事業を継続させるための経営の視点が後回しになりがちであるからである。被災地には未だ課題が山積しているが、換言すれば課題解決型のソーシャルビジネスを展開する社会企業家にとってはビジネスチャンスが多い。そのような意味で、被災地における中間支援組織の重要性は高い。

一方で、経済産業省の調査によれば[2]、中間支援組織の多くは事業を継続するために十分な収益を確保

図9—1　社会企業家の位置づけと類型化

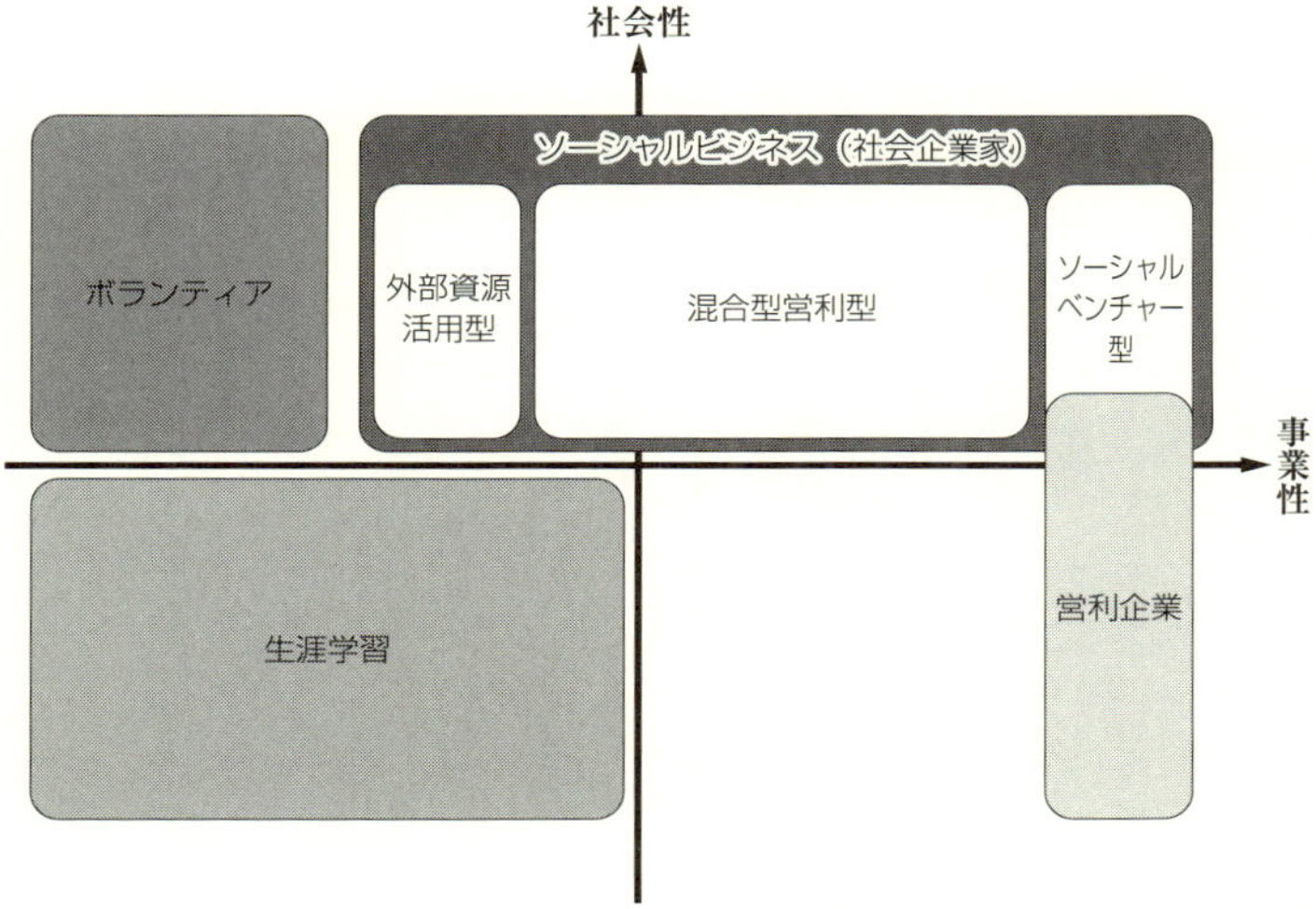

資料：ジョン・エルキントン、パメラ・ハーディガン著、関根智美訳『クレイジーパワー 社会起業家—新たな市場を切り拓く人々』英治出版、2008年を参考に筆者作成。

できておらず、厳しい経営状況であるとされている。それは、支援対象が社会企業家であり、その経営状況が必ずしも安定しているとは言い難いことも要因とされる。同調査では、中間支援を持続可能なビジネスとしていくためには、独自のノウハウ（個性や強み）、ニーズを踏まえた支援、そしてそれらを支える社会的な仕組みがポイントであるとしている。

また、社会企業家をそのビジネスモデルの違いにより三つのカテゴリーに分類するという見方がある。[3] 第一は主として寄附や基金と言った外部資源を活用する非営利ベンチャー、第二に最初から営利目的で設立されるソーシャル・ビジネス・ベンチャー、そして第三は両者の中間的な存在である混合型営利ベンチャーである。非営利の活動、営利企業とともに社会企業家の概念を示すと図9－1のとおりである。

アスヘノキボウは、設立一年目ということもあり寄附のウェイトが高く、その他は官公庁からの委託事業となっており、現状「外部資源活用型」といえる。小松氏は、今後も起業支援を行いつつ、人材育成や強い組織づくりといったコンサルティング事業を軸にしていこうと考えている。つまり、地域課題解決というミッションを大切にしつつ、持続可能性を担保するために専門性・独自性を強みとした自主事業を強化していくということであろう。中間支援組織は、いかに自主事業の領域を広げ、「混合型営利ベンチャー」にシフトしていけるかどうかが、持続可能性の鍵といえそうである。

女川町は行政と民間企業が同じ方向を向いており、風通しが非常に良いことから、支援する側にとっても双方から的確な情報が得られ、地域課題を顕在化しやすい状況にある。それに加え、アスヘノキボウという中間支援組織の存在があり、ソーシャルビジネスを育む環境として最適なのであろう。小松氏は「町の人びとが生きていることは楽しいと思えるよう、地域活性化に取り組んでいきたい」と今後の抱負を語っていた。ここ女川町の取り組みがモデルとなり、他地域へ水平展開すること、それにより地域の人びとの暮らしが豊かになったと実感できる未来を創るために、アスヘノキボウの挑戦は続く。

（1）女川町商工会の仮設商店街設置に向けた取り組みについては、立川寛之「グラウンドに出現した『きぼうのかね商店街』と手づくり商店街『コンテナ村商店街』（宮城県女川町）」（関満博・松永桂子編『震災復興と地域産業 4 まちの自立を支える「仮設商店街」』新評論、二〇一三年）を参照されたい。
（2）関東経済産業局『コミュニティビジネス中間支援機関のビジネスモデルに関する調査』二〇〇九年三月、

による。

(3) ジョン・エルキントン、パメラ・ハーティガン著、関根智美訳『クレイジーパワー 社会起業家——新たな市場を切り拓く人々』英治出版、二〇〇八年。

第10章　福島県いわき市／都市部の支援活動との連携による事業展開
──社会企業家とプロボノ（47PLANNING）

中澤裕子

東日本大震災以降、東北各地で興味深い社会企業家が生まれている。またその動きと前後して、大企業の被災地支援活動や、専門的な知識を持った「プロボノ」（職業上のスキルを活かしたボランティア活動。詳細後述）といわれる都市部の人びとの地域支援活動が活発化している。

本章では、震災後間もない二〇一一年一一月、いわき駅前に復興飲食店街「夜明け市場」を設立し、その後、福島県と首都圏で積極的な事業展開へ踏み込む㈱47PLANNING代表取締役鈴木賢治氏（一九八二年生まれ）の取り組みを焦点に、震災後の社会的企業と、それを支える都市部の新たな支援活動について採り上げる。

鈴木氏は夜明け市場の設立後、その運営にとどまることなく、夜明け市場設立により得た信頼と人脈をもとに東京といわきを拠点に数々のプロジェクトを立ち上げ、さらに起業支援へも踏みこんでいる。その取り組みからは、都市部からの地域支援活動の深化と、これまで深く交わることのなかった都市部からの支援活動と地域側の産業振興・地域活性化に向けた動きが、中間支援組織を核としながら急速に交わりつつあることが読み取れる。

一　復興飲食店街「夜明け市場」の誕生

福島県いわき市は東日本大震災により地震、津波の直接被害に加え、原子力発電所の事故による放射能被害および風評被害に直面してきた。さらに、数万人単位の避難者受け入れと作業員等のベース地となったことにより急激な人口増加を経験するという、被災地域でも特異な状況に置かれている。前例のない多様な課題に直面しているなかで、とりわけ避難住民と地元住民の間の亀裂、避難住民の精神面を含む各種サポートが喫緊の課題とされている。また、このような状況の下では、いわゆる「コミュニティ支援」に加え、就業の場づくりとしての産業振興、とりわけ地域産業の支援・育成が課題とされている。

鈴木賢治氏（左）と松本丈氏（2013.10.28）

提供：鈴木賢治氏

いわき駅前の復興飲食店街「夜明け市場」は、被災した飲食店の事業再開の場を提供することでいわきの抱える複雑な状況を少しでも打破しようと、鈴木氏を中心に二〇一一年一一月、いわき駅から徒歩数分の好立地に残る古いスナック街をリノベーションしてスタートした。コンセプトは「日本一前向きに、風評被害や駅前空洞化に立ち向かう人びとが集う、活気のある飲食店街」。コンセプトに共感した人びとが次々と集まり、二〇一四年七月現在、一一店舗

開店前の夜明け市場（2014.2.24）

夜明け市場の店主たち。前列左端が鈴木氏

提供：鈴木賢治氏

が入居している。

店舗構成は、串焼、鉄板焼き、イタリアン、多国籍ダイニング、バーなど多様な構成となっている。また数席程度のこぢんまりとしたバーから宴会可能な座敷を備えたものと形態も幅広く、夜明け市場の中で様々なニーズを満たすことができる。いわき駅前は双葉郡からの避難者流入、作業員や出張者の増加等により、震災前より賑わいを増しているとされている。夜明け市場はいわき駅前の新たな飲食店街として広く認知され、人びとを惹きつけていた。

被災した飲食店をいわき中心部に集める

鈴木賢治氏は一九八二年、いわき市四倉の生まれ。実家は製氷会社を経営しており、後継者として育った。大学進学を機に上京し、その後イベント企画会社に役員として参画。二〇〇九年に「地域のいいもの」を日本そして世界へ広めたい、生産者側の収入を上げたい、地域を良くしたいといった思いから、「地域の代理店」をイメージした㈱47PLANNINGを設立し、独立する。幼なじみでいわき出身の松本丈氏（一九八二年生まれ）も合流し、当面の収益源としてイベントの企画制作運営を行うイベント事業部を立ち上げつつ、「食」の可能性に着目、地元福島県産の食材をメインとしたキッチンカーでの移動販売、二〇一一年四月を予定に飲食店の開店（東京都内）準備を並行して進めていた。

二〇一一年が事業の勝負として開店準備に奔走していた矢先、東日本大震災により被災する。津波により最悪の事態も想定された実家からは、家族は無事である一方で、工場は全壊したことを知らされる。47PLANNINGはイベント自粛の影響で収益源を断たれ、経営的に追い込まれるとともに、福島県産品を活用予定だった食関連の事業も一旦中断せざるをえなくなった。鈴木氏は社員を一人も解雇したくないという強い気持ちから、寝る間も惜しむほど緊急対応に追われる日々を続けた。

そのような状況の中、四月六日、社員を連れていわきへ向かい、食関連の事業開始に向けて手配していた新しいキッチンカーで炊き出しの提供を行った。幼い頃の鈴木氏を知る地元の人びとが集まり、和やかな時間が流れた。しかしその夜には、炊き出しにかかる費用を考えるとこれを単純に毎週続けることは難しく、また続けたとしてもその効果は一時しのぎでしかないという思いへ至る。支援の目的は被災したいわきの経済活動を自立させていくことではないか。高知の「ひろめ市場」を参考に、被災した飲食店を集めた飲食店街をいわき中心部に作れないだろうか。

すぐに企画書を作成し、四月八日には四倉町商工会の役職をしている鈴木氏の父や、父から紹介された市内関係者等に実現に向け協力を打診した。

古い飲み屋街をリノベーション

『ひろめ市場＠いわき』と題された企画書には、その企画の目的として「地元の活性化」「避難者の雇用・自立促進」「福島の食品の対外ＰＲ」の三つを掲げた。

四月二六日には場所、入居条件、すべて未定の状態であったが、商工会の協力のもと事業者説明会を開催し、約一五人の参加を得た。しかし肝心の場所の確保に関し、駅前の繁華街、ショッピングモールなど集客力の見込める場所は初期投資額の大きさがネックとなり、難航していった。何度も心が折れそうになりながらも、自らを奮い立たせ場所探しを続けていたところ、商店街の会長から駅前のスナック街のオーナーの紹介が入る。紹介された場所は、いわき駅前の繁華街、白銀地区にある築四〇年の古びたスナック街「白銀小路」。最盛期には三〇軒のスナックが入居していたが、現在は七軒となっていた。

オーナーから鈴木氏へエリアの管理委託をする形、具体的には夜明け市場がオーナーと店舗の仲介を行い、エリアマネジメントをしていく管理委託契約、店舗の改装費用は各店舗の負担、建物のリノベーション費用等は夜明け市場が負担することで契約がまとまった。鈴木氏はすぐに㈱夜明け市場を設立、松本氏を専属としていわきへ配置する。建物の大改装を進め、夜明け市場としてはおよそ一〇〇〇万円の初期負担で準備完了。補助金等の活用については該当する補助メニューを探すことが難しく、地元銀行からの融資により準備を進めた。鈴木氏自身が借入を決意したことで、周囲は驚き、本気で応援してくれるようになった。

そして二〇一一年一一月、まずは二店舗でグランドオープンを果たす。以降、徐々に入居が進み、二〇一二年の春には八店舗、二〇一三年七月段階では一一店舗。いわきだけでなく、福島県、さらに全国から取材や視察を数多く受けるほど、地域を代表する存在として注目を集めている。

被災者の再出発の場、支援者の挑戦の場として

夜明け市場の出店条件は面積五坪からに対して家賃は五万円から、敷金礼金はなしとし、入居者負担が相当軽減されたものとなっている。

入居者負担を最大限考慮したものの、想定外のこともあった。店舗改装費用について、鈴木氏の当初計画では各店舗が被災事業者向けの補助事業を活用し、低負担で改装を進める見込みであった。だが、補助金を活用できたのは震災による店舗移転と認定されたもともと独立経営をしていた二店舗のみであった。夜明け市場の入居者募集を行うと、雇われ店長などで飲食店を運営していた人が失業等により独立を決意するものが多く、これらは新規開業扱いとなるため補助事業の活用が難しかった。また、復興への思いからいわきへ移住し、開業を決意した人もいる。いわき及び避難地区を含む周辺住民による新規開業が六店舗、ＵＩターンによる新規開業が三店舗となっている。

このように、当初の目論みとはやや異なり、多くの店主が新たな借入を背負ってのスタートとなった。だが、安価な賃料、飲食店集積による相乗効果、夜明け市場そのものの知名度向上、夜明け市場の持つ外部ネットワークの支援等によって、入居者はスムーズなスタートを切ることができた。

夜明け市場は飲食業に関わる被災者の再出発の場、復興を応援したいとする人びとの挑戦の場として、そしていわきの復興、とりわけ若者の活躍を象徴的に示す場所として、地域で重要な役割を演じているのである。

表10—1　鈴木氏の主な活動年表

2009	株式会社47PLANNING設立（東京）
2011	東日本大震災
	47DINING福島オープン（東京）
	株式会社夜明け市場設立、オープン（いわき）
2013	NPO法人TATAKIAGE Japan設立（いわき）
	コワーキングスペースの開設（いわき）
2014	ライスバーガー「こめて」発売開始（東京）
	スムージー「Hyaccoi」発売開始（いわき）
	47DINING福島を47DINING東北とし、移転（軽井沢）
	キッチンスタジオLUPEオープン（東京）

二　支援ネットワークの広がりと事業拡大

鈴木氏はいわきで夜明け市場を立ち上げる一方、同時期に震災後いったんは頓挫した福島県産食材をメインとするダイニングレストラン「47ＤＩＮＩＮＧ福島」を必死の思いで東京都杉並区に開店させている。

47ＤＩＮＩＮＧ福島のオープン、夜明け市場の成功によって、福島県内で社会企業家としての信用を得るとともに、その名が首都圏の震災復興支援団体等に知れ渡るところとなり、有形無形の様々な支援が鈴木氏のもとに集まり始めた。鈴木氏はこれらの支援を最大限に活用しながら、東京・いわきの二拠点体制で多様な事業展開にますます注力することになる。

地域起業家の育成に向けたＮＰＯ設立（いわき）

夜明け市場での飲食業のサポートにとどまらず、地域の課題解決を加速させ、日本の未来を担う人財をいわきおよび福島全県から輩出していくことを目的とし、二〇一三年にＮＰＯ法人

TATAKIAGE Japanを設立。鈴木氏と松本氏が共同理事に就任した。

具体的には、特に首都圏からの復興支援の受入側ハブとなり、アクセンチュアなど複数の企業との協力体制のもと、これまでにアクセンチュアと共同での経営相談会や、いわき市長を招いた座談会等を実施している。

また、その拠点として同年七月、夜明け市場の二階空き店舗を改装したコワーキングスペースの運営を開始した。このコワーキングスペースの開設にあたっては、積極的な復興支援活動を展開しているコスモスモア社、IKEA社の人材および物品の無償協力を得て、プロボノやボランティア、関係スタッフ等で工事を進めた。

福島県産米を使用したライスバーガー「こめて」開発

福島を地元とし、震災前から福島の食材を活用した商品展開を考えていた鈴木氏は、震災直後から風評被害の払しょくと農業支援を目的に、47PLANNINGの飲食事業の一部として、検査済の福島県産米を使用したライスバーガーの販売を開始する。移動販売やイベント販売等で一定の売り上げを得、またさらに海外進出に向け積極的な活動を続けるも、形にならない、インパクトを出せない時期が続いた。

試行錯誤を重ねながら「一口サイズのライスバーガー」の発想に行き着く。月刊誌『東北食べる通信』を発行するNPO法人東北開墾とのタイアップによる優れた食材調達、一流企業人やシェフのプロボノのプロジェクトチームによるレシピ開発、パッケージ開発により、福島県産の検査済米に日本全国

「こめて」(2014.3.21)

の美味しい食材をサンドした「こめてＫＯＭＥＴＥ」の開発、空弁としての販売へ至る。

「こめて」は二〇一四年三月一一日より、空弁として羽田空港で販売が始まった。製造は日本エアポートデリカが担い、47ＰＬＡＮＮＩＮＧはレシピ提供および指定材料紹介を行っている。

オールいわきスムージープロジェクト

福島全体の規格外品の有効活用および福島地産地消ネットワークの形成を目指し、二〇一二年、原材料のすべてを福島県産とするスムージーを着想する。二〇一三年六月、鈴木氏からいわき市の有機農家ファーム白石と、Ｈａｇｉフランス料理店へ開発の打診、合意を得て本格的に試作を開始。三者が持ち出しで試作を続けた。

この間、アクセンチュアが復興支援の一環としてバックアップを行っているクラウドファンディング「ＣＨＡＬＬＥＮＧＥ　ＳＴＡＲ」で飲食店向けメニュー開発の費用一二四万円を調達。プロジェクト形態はＴＡＴＡＫＩＡＧＥ　Ｊａｐａｎが支援するファーム白石の事業とし、二〇一四年四月、ＪＲいわき駅ビルに開業したカフェのメニューの一部として、オールいわき産のスムージー「Ｈｙａｃｃｏｉ（ひゃっこい）」の提供を開始した。

全国の地域活性化に向けた事業展開

一連の震災復興に向けた取り組みが高く評価され、二〇一四年、鈴木氏は「47ＰＬＡＮＮＩＮＧ」の社名にこめた思いを実現させるべく、活動領域を全国の地域活性化へと広げようとしている。

二〇一四年秋、池袋の大型商業施設ＷＡＣＣＡに開設予定のキッチンスタジオ兼イベントスペース「キッチンスタジオＬｕｐｅ」の運営を、47ＰＬＡＮＮＩＮＧとして予定している。ここでは全国各地のシェフと生産者によって試食やイベント等が開催できる場とするほか、プレスリリースの場としての活用、その他地域の目指す方向に合わせた多様な使い方や、商品開発やＰＲ等の企画等も共同企画することを想定している。

「Hyaccoi」（2014.4.12）

提供：NPO法人TATAKIAGE　Japan

このように鈴木氏は、㈱47ＰＬＡＮＮＩＮＧ（一〇人）、㈱夜明け市場（二人）のほか、NPO法人TATAKIAGE　Ｊａｐａｎ（専属スタッフなし）、実家で後継予定の丸和製氷冷凍㈱、これら四つの組織体とコンテンツを活かしながら、ここで採り上げた取り組みの他にも数々のプロジェクトを精力的に同時進行させている。

その取り組みにおいては、震災後に急速に構築された都市部の支援企業、支援者との連携により、プロジェクトを迅速かつ高いレベルで達成し、同時に費用負担を限りなく少なくしていることが特徴としてあげられる。このように鈴木氏の人脈が広がったきっかけは、震災直後の二〇一一年四月、グロービスがいわきで開催したディスカッションイベント「ＫＩＢＯＷ」に偶然参加していた鈴木氏が、その場で挙手し構想間もない夜明け市場のプランを発表したことに端を発するという。その後、グロービス代表をはじめ都市部から強力な支援者がつき、さらに復興リーダーの育成を目的としたダイムラー・日本財団イノベーティブ奨学金を得て、他地域で復興支援に取り組むリーダーや、企業人とともにグロービス大学院で学ぶ機会を得る。その先は人が人を呼ぶ形で人脈が広がっていったという。

三　都市から地方を支援する新たな潮流

復興支援を機に、都市から地方を支援する動きに新しい潮流ができつつある。第2章で取り上げたクラウドファンディング、そして鈴木氏の事例から読み取れる大企業の社会貢献活動の深化、プロボノとよばれる専門的スキルを活かしたボランティア活動の普及である。

震災後の企業による地域支援活動の深化

経団連1％クラブの調査によると、(1)東日本大震災に関する企業の支援は、発災から二〇一一年九月までの支援額だけで約九〇〇億円にのぼっている。同調査のアンケート回答四六一社中、九〇・五％が義援金（被災者に直接届けられる見舞金）を拠出しているだけでなく、三三・四％が支援金（ＮＰＯ等の支援活動に対する寄付）拠出、七・八％が自社およびグループが運営する奨学金・助成金等への資金拠出を実施している。

企業は経済活動の担い手としての役割だけでなく、地域社会の一員としての役割を期待されるようになりつつある。このような観点から義援金の寄付や短期社員ボランティアの派遣にとどまらず、特に震災以降年数が経つにつれ、CSV（creating shared value：共有価値の創造）等の用語で表現される本業を生かした支援や、地域の課題解決へ一歩踏みこんだ支援へと向かいつつある。

代表的なものとして、大手飲料メーカーのキリンでは「復興応援キリン絆プロジェクト」を立ち上げ、対象飲料一本あたり一円の寄付、グループ会社の一部利益拠出等により、三年間で六〇億円の資金をプール。被災地の子どものスポーツ支援、農業を学ぶ高校生への奨学金の支給、水産業および農業支援活動等を行っている。特に約一〇億円を拠出予定の水産業支援においては、キリンの食関連企業としての立場から「生産から食卓までの支援」をテーマに、具体的には第一期のハード支援期でわかめ、牡蠣、青のりの養殖設備の資金拠出を行い、第二期をソフト支援期とし商品開発・ブランディング等に向けた資金拠出およびフォローアップを行っている。なお、本事業は日本財団を事業パートナーとし、日本財団とともに行政との連携、支援先の選定やフォローアップを実施している。

またグーグルでは、被災地の事業者と復興支援に関心を寄せる全国の個人、団体をマッチングする「イノベーション東北」という事業を二〇一三年より行っている。インターネットを活用することで、遠隔地であっても、ビデオ会議などを活用し、知識やノウハウで支援することができるため、これまでに約一〇〇〇人が参加、四〇〇以上のプロジェクトが進んでいる。本プロジェクトはグーグル社員と、復興支援コーディネートを専門とする一般社団法人RCF復興支援チームの混成チームで運営されている。さらに、現地にコーディネーターを立てることで、支援を求める事業者の掘り起こしを行っており、

TATAKIAGE Japanもパートナーの一員に加わっている。

なお企業が復興支援活動を検討・推進していく場合、都市部または被災地、もしくは両方の中間支援組織を介在させているケースが多い。これは主に、迅速に支援の適正化と最大化を図るため、また公平性の担保のためであろう。中間支援組織へ支援先のコーディネートを依頼し、さらにそのまま支援先のフォローアップや成果マネジメントを依頼する場合もある。

新たなボランティア活動の広がり——プロボノ

また「プロボノ」とよばれる職業上のスキルを活かしたボランティア活動が、特に震災後注目を集めている。プロボノはボランティア活動の一形態であるが、特に社会人がその経験や専門知識を活かした活動に取り組むものを指す。「ボランティア」という言葉では関心を寄せなかったビジネスパーソンが、「プロボノ」という新たな概念により、地域を自身の専門性を活かす場として関心を寄せつつあり、社会貢献活動の参加層を拡大させている。

プロボノ活動では、プロジェクトマネジメント、経営戦略、マーケティングなど大企業での勤務で培われやすい知識・スキルや、ウェブデザイン・制作など中小企業やNPO等が具体的に欲する特定の専門スキルを活かしたものが多い。日本においてその萌芽は二〇〇〇年代後半から現れてきていたが、震災を機に社会貢献活動が改めて注目されたことから、急速に広まりつつある。

プロボノ活動は個人として参加する場合、勤務後の数時間や土日の半日程度を活動に当てる者が多いとされる。先述の「イノベーション東北」ではプロボノ参加者の集いや新規の参加者募集、マッチングツアー等を平日夜、土日に多数開催している。

さらに、震災以降、企業としてプロボノを被災地に派遣する企業や、個人のプロボノ活動のうち一定時間を勤務時間に認める企業が、大企業を中心に少しずつ増加している。当初は会社の活動をきっかけに、そこから個人としてさらに踏み込んだ活動へ進んでいく人も少なくない。プロボノ活動への参加は、プロボノを推進する団体を通じて行われることがほとんどである。その支援ネットワークおよびノウハウは、被災地内外へ広がりをみせつつある。

四　都市と地方をつなぐ中間支援組織

このように、震災以降の短期間で、首都圏の大企業およびその社員などによって強力な地域支援ネットワークが構築されてきた。

これまでみてきたように、都市部からの本格的な地域支援の流れは始まったばかりであり、都市側が手探りで地域の「キーマン」を探している状況といえる。都市側がキーマンと考える人物は、多くの場合、被災地で社会的な事業を起こし、そこから中間支援的な役割も担おうとする「都市の言語の通じる」若手である。このような人物が、地域の中間支援組織からの紹介など、なんらかのきっかけで「見つかる」と、そこへ支援が集中する傾向にある。近年はキーマンを発掘するだけでなく、キーマン育成への支援も進んでいる。

支援を受けた若手キーマンは、外部リソースを活用して支援事業を拡大させ、復興に貢献している。

鈴木氏はその一人であり、特に先端をいくものと言えるであろう。

またこのような流れを受け、中間支援組織の役割が大きくなりつつある。復興支援においては先に取り上げたように企業、そして国から被災地の団体等へ多額の資金援助があったため、その調整を担う中間支援組織が求められ、被災地および首都圏で多数の中間支援組織が生まれた。中間支援組織のコーディネート力が都市部からの支援活動受け入れの成否を左右する状況になりつつある一方、発災から年月が経過するなかで、その淘汰も進みつつある。

地域の中間支援組織は、資金拠出を行う企業側の事情や意向、都市部で一般的に想定されている仕事のスピード感を理解し、支援者の期待に応えられるよう地域内の調整をスムーズに行うことが求められる。同時に中間支援組織自体の活動領域についても、常に都市部からの関心を惹き付けていくため、活動を深化もしくは拡大させていくことが期待されている。鈴木氏は支援を受ける側から、中間支援組織としての役割も担う立場へと軸足を移しつつあった。

本章で取り上げてきた流れの先駆者として、鈴木氏はいわきと東京を拠点としながら、新たな事業の立ち上げ、全国の起業家の育成へますます精力的に向かっていくことであろう。このような流れが被災地だけでなく、日本全国で広がりをみせていくことがますます期待されている。

（1）日本経済団体連合会・社会貢献推進委員会1％クラブ『東日本大震災における経済界の被災者・被災地支援活動に関する報告書――経済界による共助の取り組み』二〇一二年（http://www.keidanren.or.jp/policy/2012/011.html）

【参考文献】

日本財団編『企業と震災　結び目が生んだ25のストーリー』二〇一二年
「復興応援キリン絆プロジェクト」ウェブサイト（http://www.kirin.co.jp/csv/kizuna/index.html）

第Ⅳ部

新たな可能性に向かう社会企業家

第11章　岩手県大船渡市、大槌町／復興における社会的企業の役割と課題

――被災した女性たちによる取り組み（浜のミサンガ環、刺し子）

山本　健

震災から三年半が経ち、被災地の中には、地域経済の再生と復興に向けて力強く歩み始めるところもみられる。ただし、被災地は元々雇用創出基盤が脆弱で、既存の企業や産業の再生だけでは住民の生活基盤を立て直すことが困難であり、新たな地域産業の構築が求められている。未だに多くの住民が、仮設住宅での生活を余儀なくされている。緊急雇用対策に代表される、震災直後にとられた雇用創出策も次々と終了していくに伴い、再び働く場を失い、生き甲斐さえも見失いかねない社会的な課題にも直面している。このような、行政機関や民間企業だけでは解決が難しい社会課題をビジネスの手法で解決し、新たな産業と雇用の創出に結びつけようとする、社会的企業に期待と注目が集まっている。

本章では、岩手県大船渡市において、震災前は牡蠣の殻むきなどの作業や漁の準備や後片付けに従事してきた浜の女性たちに、なじみの深い漁網を材料にしたアクセサリー「浜のミサンガ環《たまき》」の製造と販売を通じて、多くの雇用と現金収入をもたらしたプロジェクトを、立ち上げから終始リードしてきた内田充俊氏と、もう一人、岩手県大槌町において、地元に伝わる「刺し子」と呼ばれる針仕事に着目、仮設住宅などで暮らす女性にコースターやふきん、シャツなどを縫ってもらい、インターネット販売を中心に事業展開する「大槌復興刺し子プロジェクト」でマネジャーを務める内野恵美さんという、二人の社会企業家に焦点を当て、彼らの取り組みの意義と課題をみていく。

一　浜のミサンガ環──仮設住宅での仕事を創出して自立を支援

「浜のミサンガ環」は、震災から一カ月後の二〇一一年四月中旬から、約一年五カ月にわたって取り組まれた。「三陸に仕事を！プロジェクト」の企画の一環として漁網を材料に、震災によって仕事を失った女性たちの手で製造されてきたアクセサリーである。

発端は、プロジェクトの母体となった企業の関係者[1]による、震災直後に行われた安否確認と見舞いのための大船渡市三陸町越喜来への訪問であった。この時、仮設住宅への転居後に起こる諸問題への対策を考えていた住民からの要望に応える形で、「被災した人びとへの経済的な自立支援」、「働く場を失った人びとの居場所や生きがい・やりがい、コミュニティにおける役割の創出」といった視点から、いくつかの提案が示された。当初は、ビー玉をガラス浮きに見立てるミニチュア・アクセサリーなども検討されたが、割れたり壊れたりせず、肌身離さず身につけて、いつまでも忘れないでほしいという思いを具現化できるということで、手首や足首を飾るミサンガを製造販売することに最終決定された。

内田充俊氏（2014.7.30）

浜のミサンガ環のスタートと実績

製造されたミサンガは、「三陸に仕事を！プロジェクト」のメンバーが中心となって、販売活動やプロモーション活動に当たることとなった。つくり手の被災女性たちとの間に、㈲三陸とれたて市場[2]に勤務する内田充俊氏（一九八一年生まれ）が立って、生産管理を担当することとなり、ミサンガの製造に従事する女性のマネジメント、品質管理や製作指導、材料となる漁網の調達と生産拠点への供給などを担当した。二〇一一年四月中旬に生産が開始され、震災からちょうど三カ月経過した六月一一日に、盛岡市の老舗百貨店「川徳」とＪＲ盛岡駅ビルの「フェザン」、盛岡市中心部で行われる「材木町よ市」において発売され、翌七月一一日より、各地で本格販売が開始された。

内田氏の呼びかけに応えて集まった女性は、漁家の熊谷カヨさんをはじめ、当初はわずか二〇人にとどまった。このときは未だ家屋を流失した住民のすべてが公民館の広間で避難生活を送っており、プロジェクトに賛同し切れずに参加していなかった人の目を憚って、夜間や日中の空き時間などを利用し人知れず作っていた。材料となった漁網は津波がなかったら漁家に販売されていたはずのイワシなどを獲るための網で、越喜来町崎浜の麻屋漁網店が倉庫に放置していたものを買い取った。それを小さく切り取って麻紐で縁取りをし、ビーズをつけて、二つ一組で袋詰めをして商品化した。六月の発売イベントに合わせて、テレビＣＭが放映・ネット配信されたことをきっかけに、県内外で大きな話題となった結果、三千セットにも上るバック・オーダーを抱えて発売の日を迎えた。

こうして越喜来で始まったミサンガの製造は、すぐに釜石市を加えた二拠点体制になり、やがて陸前高田市、大槌町吉里吉里、山田町、田野畑村、大船渡市、そして宮城県南三陸町歌津、石巻市、東松島市といった地区へと広がっていった。ピーク時には岩手・宮城の全エリアで三〇〇人近くの女性が製造に従事し、二〇一二年一二月末までに、一六万九二三七セットを売り上げ、一億〇三三五万円の現金収

図11―1　製造数、販売数、つくり手人数の推移

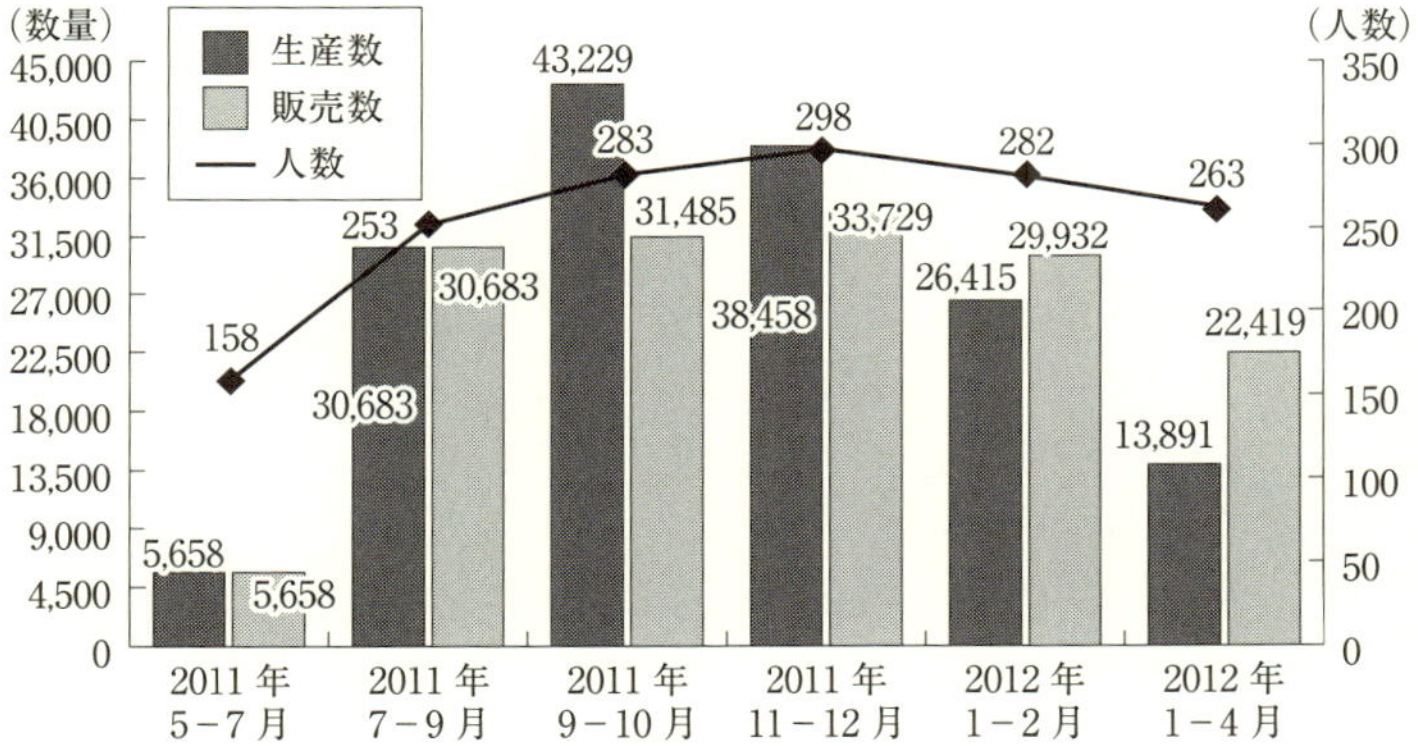

資料：浜のミサンガ環

入が、被災地のつくり手にもたらされた。一セットの販売価格は一一〇〇円、管理者の賃金として八%、材料費として一二%、販売費として一〇%、諸経費として一七・六%が差し引かれた、販売価格の五二・四%が被災地の人びとの収入となった。[3]

一年五カ月で製造を終了

越喜来ではピーク時には、近隣から通ってくる人も含めて六〇人が製造に当たったが、やがて時の経過とともに、徐々に売れ行きが鈍るようになってきたことと、ミサンガの製造販売が本来の地域産業への従事の妨げになってはならないという考えもあって、二〇一二年の九月には製造を終了、つくり手の女性には「通常の」職場への復帰を促すようにした。作業にも慣れて生産効率が上がり、時給換算で一〇〇〇円を超える収入を得るケースも生まれるようになっていたが、ミサンガ製造の内職は仕事が見つかるまでのつなぎと割り切り、あくまで一日も早く自立を果たすことを求めた。在庫として残ったミサンガを細々と販売して

浜のミサンガ環（2014.8.1）

いると、人気ドラマで「浜のミサンガ」のパロディとして「海女のミサンガ」が話題となって、再び注文が殺到した。こんな時こそ、つくり手さんに再び集まってもらってという意見もあったのだが、つくったミサンガをすべて売り切って二〇一三年九月までに販売もすべて終了した。

「浜のミサンガ環」が越喜来にもたらしたものは、現金収入だけにとどまらなかった。寄付や支援ではなく、自分たちの仕事の対価としてもたらされたという「自信と誇り」、そしてミサンガづくりを通じてつくり手同士が集まって話題を共有したり、互いの住まいを行き来したりして、住民間の交流を深めることができたこと、さらに、ミサンガづくりに没頭することによって不幸な出来事や不安な将来のことを考えずに済むなど、精神面での安定への寄与といったメリットもあった。

漁師のおつまみ研究所のスタート

その後、ミサンガづくりを通じて集まった女性の中で、年齢的な問題から再就職が困難だったり、家業との兼ね合いからパートに出にくかったりといった事情を背景にするメンバーのために立てられたプロジェクトが、「漁師のおつまみ研究所」である。震災前から親しく交流してきた漁師の家でごちそうしてもらったつまみの美味しさと感動を、大都市圏の消費者に届けようという事業コンセプトで、所長の内田氏と八人の女性により、二〇一二年五月にスタートした。(4)

当初から明確な事業計画こそあったものの資金調達をはじめ不透明な要因も多々あり、半ば気休めのように、「こんなこと、あんなこと、いっしょにやってみましょう」と声をかけたが、やがてひょうたんから駒が出るがごとく、寄付や助成によって設備が一つひとつ整い、さらに県が実施する「いわて食のパワーアップ事業」を受託することにもなり、一気に事業化を実現した。施設が竣工してからは、漁師のお母さんがつくる料理をCAS凍結[5]することによって、日本全国に販売できるような仕組みをつくることを目標に、商品開発や販路開拓に取り組み、これまでに数百種類に上るレシピを考案、その中からいくつものメニューが商品化された。

設立から二年が経過した二〇一四年現在、漁師のおつまみ研究所でつくられた漁師料理・浜料理の数々は、埼玉県志木市の飲食店「越喜来や」に送り出されているのをはじめ、イベントにおける販売、ミュージック・セキュリティーズを通じて出資をしてくれた人びとへの特典としての利用に向けた準備にとりかかり、さらに秋口にはインターネット販売にも本格的に乗り出す予定である。研究所という名前ながら、すでに研究や試作というステージから、いかに美味しく食べてもらえるか、気持ちよく消費してもらえるかを考える段階に達している。所長を務める内田氏の業務も、味の探求や調理方法の確立から、製造のスケジューリングや販売管理、お母さんたちのマネジメントへと重心が移りつつある。

内田氏は、衛生上の管理や品質の安定など、供給者としての責任を果たす一方で、「漁師のおつまみ研究所」の作業場を決して「食品加工工場」然としたものにするのではなく、あくまで「浜の台所」としての位置づけを守っていきたいと考えている。そこでは、「朝から晩まで、無言でひたすらサンマの頭を切り落とし続けて…」といった働き方ではなく、ディズニーランドのキャストのように、一人ひとりが外の人から見て楽しげに仕事をしていて、つい仲間に入りたくなるような場にしたいと考えている。ミサンガづくりに集まった女性たちが、ワイワイ・ガヤガヤ談笑しながら仕事をする楽しさを思い出し、喜びと誇りを取り戻していったように、ここも働きに来る場ではなく、楽しく仕事をしに来る場所であってほしいと望んでいる。

内田氏が震災前に魅了された「漁師のおつまみ」は、味や鮮度を保ったまま長い距離を輸送することが困難であったため、長らく現地に来なければ味わうことができない代物であった。しかしながら、近年の調理技術や冷凍技術の進歩によって、今では全国各地に「浜の台所」の味をそのまま届けることが可能となった。三陸町越喜来で獲れた素材を調理して送られた先から、味付けや盛り付けに対するフィードバックがなされ、すぐさま改善が図られるといったこともはや絵空事ではなくなった。このように、産地と消費地が一体となって付加価値を高めることができるようになれば、これまで未利用、あるいは低利用の状態であった魚種でも、加工や輸送のコストが賄えるようになり、一方では消費者にとって、目新しい材料や調理法を楽しむ機会になり、他方では競合相手を傷つけることなく、生産者の所得を向上させられる機会ともなろう。

二　大槌復興刺し子プロジェクト――東北ゆかりの手工芸で生きがいを取り戻す

「大槌復興刺し子プロジェクト」は、岩手県大槌町の避難所を拠点に、有志五人により任意団体として震災直後の二〇一一年五月一四日に発足、二〇一一年八月からNPO法人テラ・ルネッサンス(6)に運営が移管されて現在に至っている。高齢であったり、育児や介護のためにフルタイムで働きに出ることが困難な女性に、自宅や仮設住宅などの狭小なスペースでも従事できる内職として、コースター、ランチョンマット、Tシャツなどを制作してもらい、それをテラ・ルネッサンスが買い上げて、全国に向けてインターネット、イベント等、販売代理店を通じて販売を行っている。売上から原材料費、プロジェクトの運営にかかわる経費を差し引いた残額が、刺し子さんに分配されている。内職による平均収入は、概ね二〇〇〇円から三〇〇〇円程度と推定されるが、貴重な現金収入となっており、また寄付や援助ではない労働の対価であることによる生きがいや誇りにもなっている。

「刺し子」プロジェクトのスタート

「刺し子」とは、布に描いた動植物や幾何学的な模様に沿って一針ひと針を刺していく手芸の技法のひとつで、装飾の目的の他、布地を補強するためにも行われてきた。著名なものには津軽のこぎん刺し、南部の菱刺し、庄内の庄内刺し子があり、これらは日本三大刺し子といわれている。当プロジェクトでは、こうした伝統的な柄をとり入れながら、現代的なデザインの製品を製造している。参加した当初は商品として認められる最低レベルからスタートし、やがて習熟を重ねてクオリティや難度の高い商品へとステップアップが図られていく。復興支援に対する世間の関心が時の経過とともに薄れていっても、また、購買が繰り返される度に商品に対するニーズが高度化していっても、その都度、創意工夫を凝らし、努力を重ねることによって克服していける可能性が与えられていて、刺し子さんのコミットメントを高いレベルで維持し、ひいてはプロジェクトを長続きさせ、やがて地域の生業としての定着にも寄与

内野恵美さん

大槌復興刺し子（いずれも2014.6.28）

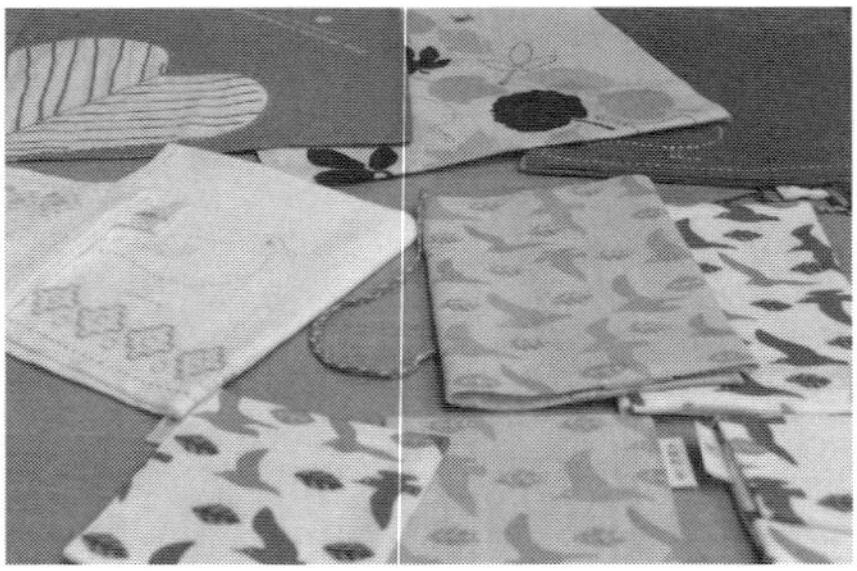

すると期待できる。そうした事業特性を見越してか、テラ・ルネッサンスは事業を引き継いで間もない段階で、このプロジェクトの実施期間は十年に及ぶと宣言して被災者への参加を呼びかけている[10]。

プロジェクトは、二〇一三年一一月からマネジャーを務める内野恵美さん（一九八六年生まれ）が打ち出した一連の改革をきっかけに、大きな転換点を迎える。

内野さんは、大学を卒業して自動車メーカーに勤め、三年半にわたって海外販売会社の生産計画、販売戦略の立案、業務改善や新規事業の立ち上げ支援といった業務を経験した。NPO法人ETIC[11]が主催する「みちのく仕事　右腕派遣プログラム　マッチングフェア」を通じて、大槌町で刺し子プロジェクトのリーダーを補佐するボランティア人材を募集していることを知り、応募し採用が決まって、二〇一三年三月から現地に派遣されることとなった。

着任時のリーダーは、何事も自由にやらせてくれたので、内野さんはのびのびと、自動車会社勤務時代に経験した生産管理のノウハウを活かして、製造マニュアルの作成に当たり、作業手順の定型化や刺繍デザインの図解による説明を行い、製品にばらつきが出ないようにしたのをはじめ、在庫管理によって材料、仕掛品、製品の先入先出ルー

表11―1　大槌刺し子のこれまでの販売実績

集計日	販売枚数	売上	刺し子さんの登録人数	刺し子さんの収入
2014年6月30日	57,638枚	73,281,448円	181人	24,186,045円
2014年3月31日	51,581枚	64,386,248円	180人	21,743,600円
2013年12月31日	48,908枚	59,955,048円	175人	19,732,050円
2013年9月30日	46,190枚	55,130,248円	146人	17,300,800円
2013年6月30日	33,436枚	43,068,904円	133人	14,634,210円
2013年3月31日	24,112枚	30,382,974円	127人	12,234,400円
2012年12月31日	21,958枚	26,456,616円	187人	9,595,240円
2012年6月30日	14,256枚	15,382,216円	186人	8,764,050円
2012年3月31日	9,751枚	9,925,600円	178人	5,691,150円
2012年2月29日	7,127枚	7,019,200円	170人	4,766,620円
2011年12月31日	4,436枚	3,911,300円	156人	3,679,900円

資料：大槌町刺し子プロジェクト

ルを徹底し、製品品質や生産効率の向上に大きく寄与した。これと並行して、着任時には三〇人程度だった刺し子さんの増員を図り、六〇人体制へとほぼ倍増させて、雇用創出と所得増大にも大きく貢献し、手応えを感じながら充実した派遣期間を過ごしていた。

地元に定着して取り組む

ともに仕事をしてきた刺し子さんたちに、次々とやる気とプライドが芽生えていく中、右腕として派遣され期間が満了すれば帰っていく「よそ者」たる自分の立ち位置に、ふとした疑問を感じるようになった。そして、三人の若い刺し子さんとの話の中で、「重要なことは全部東京で決められるんでしょ」、「私たちが意見を言っても聞き入れてはもらえないんでしょ」という声を聞くことになった。当時のマネジャーは企業に勤務した経験がなく、商品企画をはじめマネジメントの多くを東京のプロボノ[12]のスタッフが決めて、大槌のスタッフはその指示に従うばかりという体制になっていた。せっかくスイッチが入って、目の色を変えて自立に向かって動き始めた刺し子さんたちを放っておけないと感じ、大槌への定住を決意して彼女たちを支え続ける道を選び、自らがマネジャーに就任、東京任せになっていた業務の大半を岩手に移管した。

このような大変革を経て、刺し子さんたちは以前にも増して自発的に仕事に取り組むようになった結果、独自に新商品の企画までが大槌でできるようになった。移した業務のすべてを遂行するのに十分な能力や経験があったとは言い難い内野さんを、東京のプロボノたちは常に暖かく支援を差し伸べ、良好な関係の下でマネジメントの現地化は着々と進められている。

他方で、震災から三年以上が経ち被災者支援に対する意識も関心も薄れ、もはや不特定多数の人びとが、次から次へと注文してくれるような状況を期待することは難しい。生産体制の強化を図っても、つくったものを売りさばくことができなければ、たちまち経営は行き詰ってしまう。新たな販路の確保や需要の掘り起こしが不可欠だと言える。企業のノベルティ・グッズとしての使用を提案したり、ＯＥＭ供給のニーズがないか確かめてみたり、あるいは集客力のあるウェブ・サイトでの販売を試みたりといった対応を重ねた結果、二〇一四年第一四半期の売上高は八八九万円に達し、累計で七三二八万円に及んだのであった。

三　ミサンガや刺し子が被災した地域住民にもたらしたもの――誇りと希望

ここまで、大船渡市三陸町と大槌町における二つの事例と、そこでリーダーシップを発揮して課題解決に取り組む二人の社会企業家の決断や行動に焦点を当ててきた。いずれも主な対象は働くことに何らかの困難を抱える女性で、寄付や義援金のような被災者に無償でお金を提供するという形ではなく、直接提供するのは労働の機会だけで、現金はあくまでのその対価として支払われる。しかしながら、こうすることによって「自分の力で生活を立て直した」という事実が、その人の自尊心を守ることとなり、誇りを抱いて仕事や生活に当たることができるという点が指摘される。さらに、働くということは社会との接点を持つということを意味するであろう。

ミサンガでも、刺し子でも、漁師のおつまみでも、生産活動をともにする人との間で、問題解決や分業などのためにコミュニケーションが強化され、結果的に孤立や引きこもりを防ぎ、生きがいや希望をもたらす効果につながると言える。

一方で、ミサンガのプロジェクトが被災からわずか一年余で終焉を迎えたのは、最終目標である地域経済の再生の妨げになることが懸念されたからに他ならない。本来は、漁の支度や片づけ、一次加工や、水産加工工場でのパート労働などを通じて、地域産業を担ってきた人びとが、ミサンガつくっていた方が儲かるからと、その役割を疎かにするようなことがあると、何のための復興支援なのか分からなくなってしまう。

漁師のおつまみと刺し子が長期プロジェクトとして位置づけられているのは、それが地域の主要産業であり、あるいはこれから主要産業として展開していくからである。内野さんの判断と努力によって、大槌の刺し子さんは六〇人を数える規模にまでなったが、刺繍を行う技能を持っている人がこれほど集積している地域は、日本中を探してもどこにもない。彼女たちだからこそできて、協働することによってさらに価値が高められるような仕事になっていくことが期待される。

（1）「三陸に仕事を！プロジェクト」は、岩手めんこいテレビ、仙台放送、東北博報堂、博報堂が母体となって結成された。
（2）三陸とれたて市場の事業、ならびに代表を務める八木健一郎氏の取り組みは、関満博『東日本大震災と地域産業復興Ｉ』新評論、二〇一一年、一一三〜一一五ページに詳しく紹介されている。
（3）「三陸に仕事を！プロジェクト」ホームページ。キャッシュ・フォー・ワーク報告（http://www.sanriku-shigoto-project.com/archive/index.html）。
（4）インタビューを行った二〇一四年七月の時点で、六人の女性が在籍している。
（5）Cell-alive system の頭文字で、食品に含有される水分子を振動させながら凍結することによって細胞の破壊を抑え、解凍しても鮮度や食感が損なわれず、とれたて・できたての美味しさを維持したまま保存したり、輸送したりできる新技術。
（6）本拠地、京都市下京区。
（7）「大槌復興刺し子プロジェクト」の趣旨に賛同し、刺し子を活用した商品の制作に従事する人のことをこのように呼んでおり、本章においても「刺し子さん」と称する。
（8）厚生労働省の調査から推定される一時間当たり平均収入額のモードが二〇〇円〜四〇〇円であったことから、全国平均並みの現金収入がもたらされていると思われる（出所『内職情報最前線、内職の相場っていくらぐらいなんだろう?』http://naisyokuinfo.blog61.fc2.com/blog-entry-3.html）。
（9）出所、「ウィキペディア『刺し子』」（http://ja.wikipedia.org/wiki/%E5%88%BA%E3%81%97%E5%AD%90）。
（10）二〇〇四年六月の時点で、テラ・ルネッサンスは「東日本大震災から十年後の二〇二一年までに、大槌刺し子を現地法人化し、独立した法人として運営を継続する」と、ホームページ上で言明している（出所『大槌復興刺し子プロジェクト』（http://tomotsuna.jp/?mode=f7#plan）。

（11）本拠地、東京都渋谷区。

（12）プロボノとは、各分野の専門家が、職業上で身につけた知識、スキル、ノウハウを活かして社会貢献活動を行うこと、あるいは活動に参画する専門家のことを指す。

第12章　宮城県石巻市（旧雄勝町）／

地域資源の価値を大切に、教育を軸としたまちづくり

──限界化したまちに向かう社会企業家（Sweet Treat 311）

姜　雪潔

被災してから四年目に入り、東北沿岸部の各地において、徐々に活気を取り戻した地域もあれば、現時点で見通しが立つのは表面上の「復旧」に留まり、復興への道筋が見出せずにいるところも少なくない。震災や津波の影響で人口減少の傾向がさらに加速化している地域において、学校や医療施設などのインフラはもちろん、一定程度の人口規模がなければ成り立たない商業やサービス業も人口減を懸念して事業者は再開を躊躇している。被災しなかった集落が、インフラの欠落や市街地の流出によってかえって孤立し、地域生活の維持が難しくなっている。

このように「限界」を感じさせるほど深刻な地域課題に向けて、興味深い展開を見せる取り組みは、震災後の東北地域で一気に増加した。だが、既に被災する前から、多くの沿岸部の人口減少地域は、市場競争原理から見て「条件不利地域」とされてきた。自立的・持続的な事業モデルを構築するには、地域資源の価値の再創造、人材資源、運営ノウハウ、市場の創出、資金調達など、事業者として乗り越えなければならない課題も少なくない。

本章では、震災後に人口が急激に減少した石巻市雄勝町を拠点に、地域資源を活かして子供向けの教育活動を行う公益社団法人 Sweet Treat 311 を中心に、展開の経緯や経験と挑戦、事業の意義に着目

して考察していく。

一　人口が四分の一になった雄勝町

東日本大震災の影響により、沿岸各地の人口減少が目立つようになっている。住民基本台帳によると（二〇一一年二月末と二〇一四年八月末）、被災後三年半ほどの間に、人口の一割以上が減少したのは岩手県山田町（一四・〇％）、陸前高田市（一六・六％）、宮城県南三陸町（一九・〇％）松島町（一三・七％）、福島県南相馬市（一〇・八％）、二割以上も減少したところは岩手県大槌町（二三・二％）、宮城県女川町（二七・六％）、山元町（二二・三％）となっている。この中で、減少率が最大であったのは女川町であった。ところが、実際には、雄勝町の人口減少はさらに深刻な状況にあり、「約四分の一になった」と言われている(1)。

石巻市雄勝町（以下、雄勝町）は、「十五浜村」という旧名を持ち、太平洋へ突き出る半島に小さな浜が連なっている。南三陸金華山国定公園の豊かな海に恵まれ、ホタテ、カキやワカメ等の養殖漁業を中心とした町である。一九四一年に町制施行し、「雄勝町」となったが、被災の六年前の二〇〇五年四月一日に石巻市、桃生町、河南町、河北町、北上町、牡鹿町と合併、新制「石巻市」の一部となった。ここで、旧雄勝町役場に代えて「雄勝総合支所」が設置された。合併前には七〇人程いた職員が、合併後、徐々に人数が減っていき、被災前には三〇人ほどの職員数となった。

三陸沿岸部のほとんどの町と同じく、被災前から人口が減り続けていた。合併時点で雄勝町の人口は五〇五八人、一七一四世帯となっていた。その後も年二〜三%ずつ人口が減り、二〇一一年二月末時点の住民基本台帳によると、住民登録している人数は四三〇〇人、一六三七世帯となっていた。

震災と津波による被害

震災、津波により、エリア内の二〇集落のうち、一五の集落が壊滅的な被害を受けた。人的被害は、亡くなった方が一三九人、行方不明の方が九六人となった。また、建物被災は、全壊一三四八棟、大規模半壊一六棟、半壊三三棟となっており、震災直後には一五カ所の避難所に、人口の六割にあたる約二三〇〇人の人びとが避難した。

市街地を呑み込んだ津波により、地域生活を支える商業、サービス業、インフラ施設が失われた。また、雄勝総合支所、公民館、小中学校、市立雄勝病院、女川消防署雄勝出張所、雄勝硯伝統産業会館など、ほとんどの公共施設も壊滅した。また、公共下水道は全壊、上水道・通信網等、ライフラインの寸断も難題であった。主要産業の漁業施設も被害が大きく、漁港が地盤沈下し、物揚場、船揚場、防波堤、護岸が流失、破損した。

二〇一四年八月末時点の速報によると、雄勝の人口は二二六八人となっているが、実際は町内で居住している人口は約一〇〇〇人とされている。高台の用地が少ない雄勝地区では、仮設住宅をまとめて建設できなかったため、住民の多くは石巻市の市街地や、隣接した河北地区の大規模仮設住宅団地に入居している。地区内に設置された仮設住宅は合計一四六戸にすぎず、しかも、六カ所に分散している。

このような事情により、他の多くの被災地域で賑わいを見せたような仮設商店街も、雄勝の場合は比

表12―1　石巻市と雄勝町の人口推移

年	石巻市		雄勝総合支所	
	世帯数	人口	世帯数	人口
2005	59,090	170,630	1,714	5,058
2006	59,564	169,147	1,711	4,927
2007	59,910	167,474	1,698	4,784
2008	60,244	165,894	1,678	4,636
2009	60,517	164,433	1,669	4,492
2010	60,818	163,216	1,647	4,366
2011(1)	**60,928**	**162,822**	**1,637**	**4,300**
2011	58,142	153,452	1,310	3,262
2012	58,809	152,250	1,221	2,895
2013	59,391	151,068	1,106	2,543
2014(2)	59,895	150,219	1,017	2,268

注(1)：2011年2月末
注(2)：2014年8月末速報値
資料：石巻市「住民基本台帳」各年9月末
※2012年7月9日の住基法等の改正により、2012年分から外国人住民も住民基本台帳に加えられている。

較的に規模が小さい。二〇一一年一一月一九日に旧雄勝総合支社前に「おがつ店こ屋街」としてオープンした仮設商店街は、プレハブ二階の二棟で構成されており、被災した地元の食料品店や海産物店、寿司店、自動車整備販売会社、雄勝硯生産販売協同組合など一一事業所が入居している。

二〇〇五年の合併に伴って「雄勝町役場」の代わりに「雄勝総合支所」が設置されていたが、行政職員の人数が合併前の半分以下に減少した。人手不足の課題は震災直後から際立っており、復興計画の策定にも影響が現れた。加えて、仮設住宅が分散しているため、町の再建に向けた住民同士の話し合いを行うことも難しい。復興計画の策定を待てず町外への転出を希望する住民が増え、復興後の人口規模がどこまで縮小するかが懸念されている。

二　支援のスタートと「そだての住人」

このような事情から、雄勝の将来を悲観視する声も少なくないが、Sweet Treat 311 の代表理事を務める立花貴氏（一九六九年生まれ）は、不利条件を逆手にとり、全く新しい形の地域づくりに挑戦している。

立花貴氏は仙台市の生まれ。東北大学を卒業後、伊藤忠商事に入社した。五年間働いた後、二〇〇〇年に食流通関連の会社を設立、二〇一〇年には食文化の発信を事業内容とする会社も立ち上げた。東日本大震災発生の翌々日、母と妹の安否確認のために地元へ駆けつけたが、二人の無事を確認後、すぐに支援活動を始めた。食品関係の強みを活かし、最初は炊き出しを中心に活動していた。活動の中で出会った縁を通して、また、地域が抱える社会問題に対する理解の深まりにつれて、一時的な支援にとどまらず、地域課題の解決を視野に入れた活動に転換していった。

次々に事業を展開

雄勝町に入ってから、立花氏の活動は新しい漁業の形を創る「合同会社　オーガッツ」と、新しい生産・流通の形を創る「そだての住人」プロジェクト、そして、被災児童・生徒への教育支援を活動内容とする「Sweet Treat 311」へと、次々と展開していった。東京から石巻まで片道五〇〇キロ、約六時間の道のりだが、身近に雄勝の復興を手伝いたいと希望する人がいれば、立花氏は自ら運転するワンボックスカーで連れていき、「今日（取材時点の二〇一四年一月二七日）は往復三〇七回目」と語っていた。

雄勝に入り、立花氏はまず目をつけたのは地場産業の漁業だった。農業分野ではすでに普及しつつある生産者と消費者の直接取引が、漁業の分野でも実現できる方法を模索して、地元の漁師とともに、「合同会社オーガッツ」を立ち上げた。生産者と消費者をつなげる「そだての住人」プロジェクトは、消費者に一万円を払って「住人」となってもらい、年に二回、商品を受け取る仕組みである。

震災後、漁業者の資金不足を解決するため、このような前払い制を基本とするオーナー制度は岩手県の山田、釜石など他の地域でも採用された。「そだての住人」を特徴づけるのは、消費者に生産活動への参加機会を与えることである。生産者と消費者の距離を縮めるには、消費者に生産者の努力を理解してもらい、生産活動に参加してもらうことが不可欠と考えられた。

地元漁師一〇人と共に立ち上げたオーガッツは二〇一二年に株式会社化した。二〇一三年冬からカキを、二〇一四年夏以降はホヤの出荷を果たした。そして、漁師と連携しながら、「そだての住人」イベントとして、月に一度、希望者に海産物を育てるイベントの見学や、養殖業の作業に参加できる機会を設けている。その後、二〇一三年一〇月に「株式会社雄勝そだての住人」として組織化し、「Sweat Treat 311」と連動して活動を続けている。

立花貴氏（2012.8.22）

豊かな自然資源を有しながらも、市場原理で動く資本主義の下では、地域の社会生活が成り立たない「限界」を迎えてしまうこともある。この厳しさを背負う環境に育つ子供たちにこそ、「日本で一番豊かな教育」を提供し、未来を変える力にしていくことを「Sweet Treat 311」の活動理念としている。「Sweet Treat」は「優しいケア」を意味し、被災児童の成長を暖かく見守る姿勢で活動している。

三　被災児童の教育支援と Sweet Treat 311 の発足

Sweet Treat 311 は、立花氏と友人であるキッザニア・ジャパン創業メンバーの油井元太郎氏（一九七五年生まれ）とが、避難所、孤立集落、仮設住宅に食料やスイーツなど食品の支援を始めることが発端となった。被災当時、避難所の約一〇〇人の小中学生に、「腹いっぱい食べさせたい」と、雄勝中学校の校長先生からの依頼で、立花氏らが給食づくりに必死に励んできた。二〇一一年五月に Sweet Treat 311 は公益社団法人として組織化され、仮設住宅の集会所を使って出前授業などの形で学習支援を行ってきた。

雄勝の急激な人口減少を背景に、町としての機能が危うくなっており、子供たちの教育も厳しい条件に置かれている。二〇一三年四月に雄勝小学校と船越小学校が統合され、統合小学校と雄勝中学校の本校舎は、今後、雄勝地区の住環境の整備に合わせて大浜地区に小中併設校として建設される予定となっている。なお、大須小学校と大須中学校は、併設校開校時にそれぞれ統合するとの方針も確定している。用地の造成、取得や建物の建設にも時間を要するため、開校は二〇一七年四月が予定されている。

都市部の整った教育条件を基準に見ると条件は劣るが、地域の資源を活用していくことにより、豊かな教育を提供することは不可能ではない。地元出身の塾講師を二人採用して学習支援に充てるほか、町を訪れる人びとや、復興に協力的な企業の力も活用していく。「そだての住人」イベントとの併催で、漁業体験などを通して子供たちに町外の参加者とふれ合う機会を作り、多様な形で「学び」を実現していくことになる。

学校再生プロジェクト——コストより、地域資源の価値を重視

漁業生産者や被災児童をサポートしながら、立花氏は、多様な主体が参加できる場を作り出し、外部者、町内の生産者、子ども、高齢者が交流を深めるように取り組んできた。しかし、復興までの短期間の活動だけで終わると地域がまた寂れていく。地域資源の活用、開かれたコミュニティの力で、町の新たな可能性への挑戦としていくモデルの構築こそが町の未来へつながっていく。

体験学習で対象としている子どもたちは、雄勝や石巻だけでなく、都市部や世界からも呼び込む予定で、外部から年間五〇〇〇人の訪問を目標としている。

活動の持続性を視野に入れると、宿泊型体験学習施設の機能が揃う活動拠点の整備が必要となる。二〇〇一年に廃校となった旧「桑浜小学校」を利用し、町内外の力を巻き込んだ形「学校再生プロジェクト」が、二〇一三年から本格的に始まった。

一九二三（大正一二）年に開校したこの小学校は、震災の一〇年前、二〇〇一年に廃校になった。後に、この小学校の出身者が校舎を取得したが、活用方法は見つからないまま、手つかずにいた。さらに、

桑浜小学校の外観（2012.8.22）

桑浜小学校の教室内部（2014.1.28）

背後部の山崩れにより、土砂が校舎に流れ込んでいた。また、一二年間放置されていたため、内部の傷みも進んでいた。使えるように整えていくには、大変な手間と時間がかかる。しかし、再生活動への参加自体を、一つの「学び」の場として位置付ければ、地域住民との交流活動ともなる。そのために、Sweet Treat 311 は、再生を強く希望していた雄勝町の地域住民とともに、二〇一三年に「ぬくもり実行協議会」を立ち上げて、週末ボランティアや改修イベントを組織してきた。二〇一三年一一月二〇日時点までの七カ月で、述べ二一三五人の参加者が関わってくれた。

桑浜小学校の屋根には、スレートと呼ばれる硯石の材料を使っている。雄勝町は国産の硯石の九割を産出していたことから、町の建物の多くには古くからスレートが広く使われていた。スレートの屋根材は、東京駅の駅舎にも使われており、町の誇りの一つでもある。活動に参加するボランティアは、地元の人と一緒に、スレートを一枚ずつ丁寧にたわしで洗い、磨いていく中で、地域のまちづくりへの愛着と参加意識が高まっていく。

クラウドファンディングで資金を集める

校舎は老朽化が進んで、山崩れの被害も受けたことから、試算すると、改修工事費は総額で一億円以上かかる。資金集めのため、立花氏や油井氏たちはこれまでの人脈を駆使し、寄付金集めに奔走した。新しいまちづくりの形として、開かれたコミュニティ形成に力を入れ、資金集めにクラウドファンディングの手法を取り入れた。ウェブを通じて一般人から広く資金を募り、寄付の金額によって商品やサービスの還元が行われる仕組みである。通常、数十万円から数百万円規模のプロジェクトが多いが、雄勝町の多方面の魅力を順番に発信していく形で「ブロックファンディング」の形を採用している。スタートした二〇一三年一〇月から、毎月テーマを変えて、「骨」「体」「食」「住」「芸」「知」「海」「農」「癒」「工」「森」「硯」と展開し、改修工事と、地域の人びとと触れ合うイベントを組み合わせたプログラムで進めている。

小学校の屋根に使われていたスレート（2014.1.28）

寄付内容によって、雄勝の海産物の贈呈やイベントへの招待、スレートへ名前の刻印サービスなどの形を通して、寄付者に還元する。このように、一二カ月連続でファンディング活動を続けてきたが、毎月一〇〇％の目標達成を記録し、二〇一四年九月末時点では延べ一〇三八人、合計一五〇〇万円の活動資金を集めることに成功した。

一方、プロジェクトの本格化につれて、人員体制の充実も図った。こどもの教育や食文化発展、生産者支援、自然環境保全をライフワークとする主要メンバーの油井元太郎氏が二〇一三年四月から前職を辞めて雄勝町へ常駐し、自然体験の学習プログラムづくりを担当している。また、ETICの「右腕派遣プログラム」を活用し、大学生の長期インターンシップを受け入れ、人員体制を充実させていった。

四　教育を軸としたまちづくりの形

このように、未曾有の人口流出で危機的な局面に追い込まれた雄勝町において、新しいまちづくりの形として、立花氏は地域内外の人びとを巻き込みつつ、町の活性化へ寄与するモデルを模索し続けた。雄勝町に限らず、震災後、多くの人びとはメディアやボランティア活動を通して、東北沿岸部の地域社会が抱える複合的な問題群に対する理解を深めてきた。これを受けて、被災地で活躍する社会企業家たちは、地域に貢献したい人びとの思いを行動に移す場を作り出している。組織や地域の垣根を越えたコミュニティの知恵と力を借りて地域の課題解決に取り組んでいる。

産業の支援と教育、まちづくりと賑わいの創出、「限界」を迎えた地域が抱える問題群に複合的に対応する活動だからこそ、課題の根本解決への糸口が見えやすくなる。事業費よりも、当面、改修費用の資金集めが最大の課題であるが、地域産業文化のシンボルを守り、子供たちに新しい形の教育を提供する趣旨に賛同する人や企業は、まちづくりへの関わりを深いものにしていく。Sweet Treat 311 の取り組みには、展開経緯、事業手法のいずれも興味深い示唆が含まれており、今後の歩み注目される。

（1）住民基本台帳調査について、岩手県は各月初、宮城県と福島県は各月末を公表している。これらは事実上同じである。なお、南三陸町、女川町のように仮設住宅、借上住宅が近隣の市町村にある場合、転出転入届けを出していない場合が多く、現在、被災市町村では住民基本台帳の人口は多めに出ている。

第13章　福島県相馬市／朝市とリヤカー「海援隊」を展開
――最後の一人まで支援したい（相馬はらがま朝市クラブ）

関　満博

福島県相馬市原釜、国道六号の東側にあり、太平洋と松川浦に面している。北の宮城県に接する福島県相馬郡新地町から、南の双葉郡富岡町に至る相馬、双葉地域の七つの漁協は、二〇〇三年に合併して相馬双葉漁協となり、各漁協は支所となった。この原釜周辺では漁船漁業の原釜支所と汽水潟の松川浦のアオノリ、アサリ漁に従事する松川浦支所がある。

原釜支所は相馬双葉漁協全体の半分を占める規模であり、組合員数約二〇〇〇人を数え、水揚額も年間五〇～六〇億円を上げていた。この原釜港に揚がる魚は東北きっての「近海高級魚」とされ、東京の築地市場でもとりわけ高い評価を得ていた。保有船舶は約五〇〇隻を数え、五～六人乗りの二五トン前後のトロール船（三〇隻）が中心であった。また、一人乗りの五～一五トン程度の小型船も一〇〇隻ほどを数えていた。年間でみれば一三〇種ほどの魚が揚がっていた。魚種はコウナゴ、シラス、メロウドの他に、底ものとしてはカレイ類、ヒラメ（放流）、タコ類（ヤナギダコ、ミズダコ）などが豊富に獲れた。また、この原釜は「活魚」の発祥の地といわれ（一九五二年）、刺し網漁、延縄漁によるヒラメ、カレイ、タコ、スズキ、アイナメ、ズワイガニを首都圏に供給してきた。大型の水槽に入れて出荷すると一〇〇万円の利益の出た時代もあった。若い人も多い漁協として知られていた。

約五〇〇隻の船舶は津波で約三分の二は流された。そして、放射能問題で被災後は本格操業ができない状況が続いている。二〇一二年六月からは試験操業が開始されているが、週に一回、半日程度の操業であり、魚種も限定され、本格操業にはほど遠い状況が続いている。

また、松川浦支所は組合員約五〇人ほどの小さな支所であり、流し網漁によるアオノリ、アサリ漁などに従事してきた。水揚額は五~六億円ほどであった。この松川浦の場合、大雨の時などに放射線量が高くなり、操業再開は難しい。漁業のまち相馬は震災以来、まことに厳しい状況にある。

一 被災し、新潟で復活、次に向かう事業家

NPO法人相馬はらがま朝市クラブ理事長、㈱センシン食品の代表取締役社長である高橋永真《ながまさ》氏(一九六〇年生まれ)の若い頃は、漁師の後継者は中卒で就業する場合が多かった。だが、高橋氏は相馬高校を卒業後、一年ほど東京で暮らしてから帰郷し、半年ほど親の船(底引き網船)に乗り、その後はライフガードなどの仕事に就いていた。

当時、高橋家の本家筋(マルゼン)の長男は海難事故に遇ってから陸に上がり、アナゴ、アサリなどの販売に従事していた。その頃は居酒屋、スーパー、生協等が伸び盛りの頃であり、地元ではJFを通じる市場出荷が大勢であった中で、マルゼンはスーパー、外食(すかいらーく等)への直販を軸に売上額一五~二〇億円規模に達していた。

高橋永真氏

復光第一号加工工場（いずれも2014.9.19）

本家の事業を引き継いで創業

その後、マルゼンは韓国貿易、中国貿易、中国での合弁会社設立（大連、庄河、丹東）によるアサリの開発、また、深川メシ（すかいらーく）の開発などに踏み込んでいった。さらに、相馬で二万坪の土地を取得し、ヒラメの陸上養殖を手掛け、北海道でマグロ船（四〇〇トン）を購入するなど事業範囲を拡げたのだが、二〇〇〇年代の初めに一五億円ほどの借金を抱え破綻していった。

二〇〇四年の頃にはマルゼンは競売にかけられ、従業員約五〇人が路頭に迷うことになる。このような事態に対して、高橋氏は従業員二五人ほどを引き連れ、二〇〇七年にセンシン食品を設立していく。懇意にしていた苫小牧の水産加工企業が一〇〇〇万円を出資してくれた。なお、「センシン」とは、苫小牧の苫（せん）と高橋氏の永真（しん）からとったものであった。

このように、センシン食品は本家の事業が整理された後、従業員の半数を引き継ぎ、また人手に渡ったマルゼンの工場を借りてスタートしている。被災前の事業は前浜のヒラメ、ホッキ貝、サヨリ、メヒカリなどを寿司ネタとして冷凍やチルドですかいらーくに供給、アナゴを大戸屋に供給するなどの事業に従事していた。タコやホッキ貝の一部は北海道や青森から入れていたが、九九%は前浜にこだわっていた。

被災から「何かをやろう」

三月一一日、高橋氏は魚市場に買い付けに行っており、地震発生時は松川大橋のあたりをクルマで走っていた。クルマに乗っていて目眩かと思ったが、地震であった。津波はイメージできなかったが、高台からみていると海が退き、漁船が沖に向かって避難をし始めた。クルマや住宅も流れ、タンカーも流されていった。カキやホッキ貝の箱が流され、「何千万円かが吹っ飛んだ」と思った。

自宅の方向をみて、母親が庭で胸まで水に漬かっているのを発見、駆けつけておぶって逃げた。こんなに走ったことはなかった。現実のこととは思えなかった。三〇〇人ほどが高台のホテルに避難したが、周囲から孤立した。二日後にようやく避難所に入ることができた。従業員のうち三人の女性が自宅に戻って犠牲となった。相馬市役所から「食料がないか」と打診され、工場に分け入ったが、五トン、一〇トンの冷蔵庫の扉を開けると空がみえた。

相馬市（二〇一〇年一〇月一日の国勢調査人口は三万七七九六人、二〇一四年五月一日の住基台帳人口は三万五九九七人）の震災・津波の被害は、死者四七五人（直接死四三九人、関連死一七人、行方不明の死亡届け一九人）、住宅の被害は全壊・大規模半壊一八〇六棟であった。

四月になると、得意先のすかいらーくやスーパーのいなげやからは、「相馬のものは二〇年取り扱えない」「相馬で加工したものもダメ」といわれた。知り合いの苫小牧工場の一角を借りて復活しようと考えたのだが、たまたまその苫小牧の工場が火災となり、実現しなかった。そのような中で、四月の初めに新潟市の水産加工企業が小さな作業場を貸してくれることになった。新潟に赴くと刺身が大量に出て、相馬の人びとにも食べさせたいと思い、持ち帰るとみんなに喜ばれた。その場で、みんなで「何かやろう」ということになった。

二　朝市、リヤカー海援隊、コミュニティ施設

その頃、宮城県名取市閖上《ゆりあげ》の「ゆりあげ港朝市」が評判になり、視察に赴いた。三〇〇〇～五〇〇〇人が集まっていた。これに刺激されて原釜でも「何かをやろう」と相馬商工会議所、相馬市役所に場所を打診するが、断られた。

このような高橋氏たちの取り組みが立谷秀清相馬市長の耳に届き、市長室に呼び出され「朝市をやれ、五月三～五日の連休にやれ。ＮＰＯにしろ」といわれた。連休まで一週間しかなかったのだが、仙台魚市場で仕入れ、主催者側一〇〇人で対応し、場所は市内の馬陵公園となった。無料の炊き出し、一〇〇円丼などを提供、結果、三日間で六〇〇〇人を集め、売上額は三五〇万円に達した。半分は利益であった。そのうちの一〇〇万円を相馬市に寄付し、「儲かるな、またやるべ」ということになり、その後、毎週土日に四回ほど実施したが、次第に客は減っていった。主催する関係者も次第に減り、二〇人ほどになっていった。「もうこれは無理だな。それでも何かやりたい」ということになっていく。

はらがま朝市とリヤカー海援隊

ＮＰＯ法人相馬はらがま朝市クラブは二〇一一年四月には設立され、七月に正式に発足（登記）するのだが、その頃から、約一五〇〇戸、約四五〇〇人が暮らす郊外の仮設住宅のことが気になっていく。入居者のほとんどはクルマもなく、また、相馬市街地まで三〇分から一時間ほどかかる。この仮設住宅の人びとへのモノの供給の必要性が痛感された。立谷市長の祖母がリヤカーで引き売りしていた経験があり、市長からリヤカーによる販売が提案された。

当時、朝市のメンバーが二〇人ほど残っており、相馬市内の八つの仮設住宅を対象に一仮設住宅二人のメンバーの一六人（八組）を緊急雇用の対象とし、二〇一一年七月の中旬から「リヤカー海援隊」と称して声かけを兼ねて仮設住宅を回ることになる。当時、この事業には福島県の「絆づくり応援事業」で二〇〇〇万円の予算がついた。時間あたり九〇〇円で八時間勤務にすると、月に一四～一五万円ほどになった。仮設住宅までの移動は各メンバーのクルマであり、各仮設住宅の集会場に置いてある市役所提供のリヤカー（各二台）で引き売りをする。支援物資の配布、買物代行にも応じた。メンバーの大半は女性であり、最大時三二人（男性五人）であった。クルマによる移動販売の場合、通りすぎてしまうことも多いが、リヤカーの移動は緩やかであり、住民に歓迎された。

月曜日から金曜日まではリヤカーによる「移動販売」、土曜日と日曜日は「朝市」を実施してきた。このはらがま朝市は二〇一四年九月現在も実施されており、これまでに一七〇回以上も開催されている。

なお、このはらがま朝市は当初は露店でやっていたのだが、中小機構の事業用仮設施設が提供されることになり、二〇一一年一二月には建物（二階建、五〇七平方メートル、一区画約六〇平方メートル×

塚田地区仮設店舗の「報徳庵」

「報徳庵」の内部（いずれも2014.5.15）

八区画）が完成、引き渡しを受けた。ＪＲ相馬駅からクルマで五分ほどの位置にある。この施設（塚田地区仮設店舗）の中核として、コミュニティレストランの「報徳庵（二区画、約一二〇平方メートル）」を二〇一二年三月一一日にオープンさせている。そして、この報徳庵をベースに、その後、仮設店舗の前面広場ではらがま朝市が継続的に開催されているのである。

リヤカー海援隊の仕組み

リヤカー「海援隊」をスタートさせて三年になる。当初、二〇一三年度で終わりといわれていたのだが、二〇一四年度も市の予算で継続されている。この三年の間に恒久的な復興住宅も建設され、相馬の仮設住宅四五〇〇人の住民のうち約四〇％の人は退出している。むしろ、現在残っている人は、「本当に支援の必要な人」とされる。リーダーたちは「最後の一人までみていきたい」としていた。

二〇一四年度の海援隊の体制は、エリアマネージャーの齋藤正子さんを中心にメンバー一六人（女性一一人、男性五人）であり、回る仮設住宅は一三カ所であるものの、住民の数の変動を考慮し、五ブロックに分けていた。各ブロックに二ないし三人のメンバーをあてていた。齋藤さんは被災前は民宿の手伝いをしていたのだが、その民宿は津波で流された。ここに集まる人びとはみんな浜の仕事に従事していて、被災している。

早朝の八時一五分には全員が集まり、ブロックごとに入荷した商品のピッキング、価格の確認等を取っていた。青果、果物、パン、惣菜、飲料などが手際よくまとめられていた。なお、リヤカーには冷蔵庫がないため、別に相馬商工会議所を通じて全国商工会連合会から無償提供された保冷仕様の軽トラック(1)に鮮魚、肉、乳製品が搭載されていた。リヤカー隊は月曜日から金曜日までの毎日だが、保冷軽トラは各ブロック週一日の配分になっていた。

移動販売の場合は、仕入れが問題になるが、海援隊の場合、メンバーの一人の菊地美枝子さんの両親が地方スーパー（スーパーシシド）を経営しており、その仕入ルートを利用させてもらっていた。青果、果実、菓子等は一〇％引きで仕入れていた。また、肉、鮮魚等はヨークベニマルから一〇％引きで仕入れていた。ただし、パン、ごみ袋等の割引仕入れはない。さらに、酒、タバコは取り扱いができない。仕入商品の販売以外にユーザーの要望に応えて日用品、医療品、園芸用品等も入れているが、これらからは利益はとれない。現状の仕組みでは、緊急雇用の人件費補助を前提にするボランティア的な事業ということになる。

三　リヤカー海援隊の一日

ラジオ体操、朝礼を終えてからクルマで出発する。二〇一四年五月一五日（木）、大野台第六仮設住宅に向かう今野静江さん、立谷洋子さん、植村健氏のグループに付いていった。リーダーの齋藤さんも同行してくれた。駐車場にクルマを止め、集会所に置いてあるリヤカー二台を取り出す。アルミ製の軽量小型のリヤカーであった。そこに発泡スチロールの箱に詰められた商品を積み込み始め、同時に近くを鐘を鳴らして回ると、直ぐに三々五々、住民が集まってくる。賑やかに始まった。一段落すると、日除けのパラソルを建て、バスタオルをかけて鐘を鳴らしながら二台一組で出発する。

この大野台第六仮設住宅は一六二戸、約三三〇人が暮らしている。隣の飯舘村から避難してきた人びとであった。地元相馬の人びとは恒久的な復興住宅が建ち始めたことから仮設住宅からの退出が進んでいるのだが、飯舘村の場合は、そのような条件にない。最後まで残る仮設住宅とされていた。(2)

鐘を鳴らしながら、独り暮らしの人、障害者の人の住まいには一軒一軒声かけをしていく。社会福祉協議会から障害者の方々のリストを預かっていた。家から出てくる人、また、椅子に腰掛けて数人で待っている人の前で止まり、バスタオルをのけて商品を拡げる。ゆったりとした時間が流れ、トマト、キュウリ、レタス、パン、菓子などが求められていった。客単価は六〇〇円前後であった。

時折、住宅から出てきた人が「ペットボトルの水」「イチゴ」「園芸品」などを欲しいと告げると、メンバーの一人が携帯電話で周囲を回っている移動荷物車に連絡し、別に届けさせるか、携行していなければ翌日に手配していた。ペットボトルの水の注文が意外に多かった。齋藤さんは「私たち相馬の人は水道水を使っているが、飯舘村の人びとはペットボトルの水を求める場合が多い」と指摘していた。放射能で苦しめられてきた飯舘村の人びとの特別な事情なのかもしれない。メンバーは担当の仮設住宅の住民の顔と名前を全て把握していた。このメンバーは固定だが、半年に一回ほど組み替えをしていた。

一〇時頃から始まるリヤカー販売は一三時まで続く、その後、ベースになっている事務所・作業場に戻り、午後は依頼された翌日配達分の物資の調達等に回り、一六時一五分頃に解散する。売れ残りそうな青果などは価格を下げて販売し、それでも残ればメンバーが買って帰っていた。

リヤカー「海援隊」の事業

この事業の正式名称は「身障者訪問並びにリヤカー引き個別訪問、身障者・買物弱者支援事業、日々

出発前の準備

仮設住宅に到着すると、
高齢者が訪れてくる

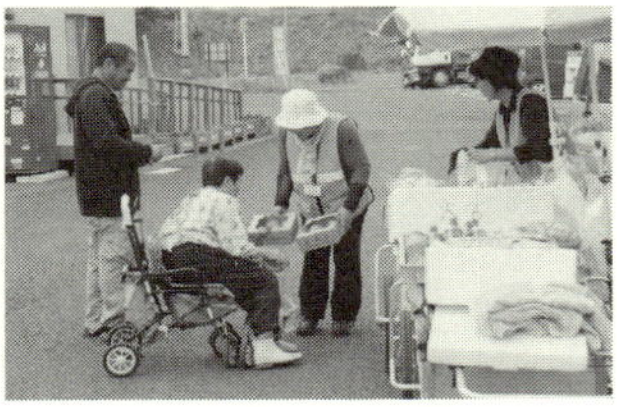

仮設住宅の隅々まで回る

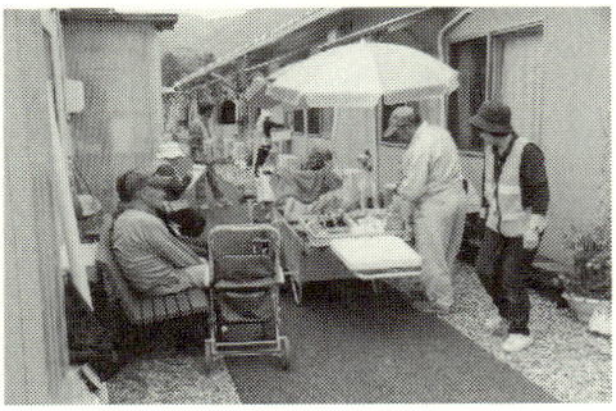

高齢者とのコミュニケーション
右が齋藤正子さん
(いずれも2014.5.15)

の仮設住宅個別訪問による孤独死防止対策事業」といい、活動団体名称は「買物兼生活支援隊」であり、通称を「海援隊」としていた。浜の女性たちを中心にした事業ということであろう。その目的は以下のように掲げられていた。

① 身障者をはじめとする災害弱者の生活のチェック（声かけ）及び支援。
② 身障者・買い物弱者に対して、食材並びに生活品の購入機会を提供すること。
③ 高齢者の一人暮らしの仮設住民に対して戸別訪問により安否確認。
④ 以上の活動を通じて、仮設住宅集落での「絆」社会を図ること。

そして、「仮設入居者の皆様が、楽しい生活を維持し絆を深めて頂くため、お困りの問題等ご相談頂き、特に障害者の方やご高齢の方へ積極的に訪問し、日常生活の手助けになる様努力しております」と示されていた。

当初、この事業はＮＰＯのはらがま朝市クラブが受け皿となっていたのだが、現在は人材派遣会社のワールドインテックが担い、緊急雇用の予算を受けてメンバーを雇用する形となっている。

他地域の原材料をベースに水産加工を再開

このようなはらがま朝市、海援隊、報徳庵の活動を重ねながら、高橋氏は「リヤカーではメシは食えない。魚に関わりたい、惣菜もやりたい。作る施設が欲しい」と考えていた。二〇一二年三月に報徳庵がオープンしたものの、水産加工に伴う下水施設が不十分であることから、別の場所の現在の施設を借り、「復光第一号加工工場」としている。この場所は松川浦に面しているのだが、津波被災を免れていた。

また、この間、北海道松前町、神奈川県小田原市等、七つの自治体が相馬市の支援に関わり、特に松前市の水産加工企業からは「松前漬け」の技術を指導してもらった。これらを含めてセンシン食品はいくつかの商品開発を行っている。「松前漬け」「真いか手造り塩辛」「鯖の甘酒醤油巧漬け」であり、原材料は松前町のスルメ、コンブ、小田原のユズ、静岡県の天日干しシラス、八戸の冷凍イカ、ノルウェー産のサバ、青森県深浦町の雪下ニンジン、宮城県（鎌田醤油）の無添加醤油、秋田県（諸井醸造所）のしょっつる、[3] 茨城県（やまこ味噌）の漉味噌を利用している。

そして、これらの商品群は「水産業の街・相馬」復活祈願商品第一号「相馬報徳『絆』セット」、第二号「相馬報徳『巧』セット」として報徳庵を起点にして販売開始されていた。なお、報徳庵の内装に使われている木材は寄贈された小田原産であり、小田原の大工がやってきて家具なども制作してくれた。なお、小田原市と相馬市は、二宮尊徳の「報徳仕法」を通じて江戸時代の頃から関係が深い。

高橋氏は「地元の加工屋は前浜のものでないと、何もできない。当方は全国から原材料を調達し、仕事にしていく。特に発酵食材に関心がある」としていた。現在のセンシン食品は高橋夫妻に加え、従業員四人。前浜の魚介類が十分に使えない事情の中で、果敢に全国の原材料を視野に入れ、新たな商品開発に踏み出しているのであった。

四　新たな産業を生み出す取り組み

被災各地には多くの人びとが支援のために入っていったが、この相馬のエリアには押田一秀氏（一九八一年生まれ）が入っている。押田氏は被災直後の二〇一一年三月一四日に各種アーチストのパフォーマンスにより被災地に笑顔を生み出すコミュニティ支援活動を目指す「RE SMILE PROJECT」を設立、東北の各地で五〇回ほどの活動を重ねてきた。そして、東北各地で活動する中で、特に福島県相双エリアの復興への道程が困難と捉え、「先を見据えて産業を生み出す」ことが必要としていった。

報徳庵と復興支援センターMIRAI

押田氏は埼玉県岩槻市の出身、東京でブライダル関係の会社を経営しているのだが、震災・津波に衝撃を受け、早々に南三陸、女川、石巻を訪れている。そして、二〇一一年五月にははらがま朝市に出会い、七月から定着、NPO法人相馬はらがま朝市クラブの発足に参加し、理事に任じている。押田氏は「高橋氏の磁力に取り込まれた」と語っていた。

その後、報徳庵をオープンさせ、二〇一二年八月には福島県地域協働モデル支援事業補助金を受けて、復興関連事業の企画、産業創出サポート施設の「復興支援センターMIRAI」を設立、その所長に任じ、報徳庵の二階に拠点を置き、継続的な支援に従事している。先のNPO法人相馬はらがま朝市クラブとこの復興支援センターMIRAIはほぼ一体的な活動を行っている。押田氏は本業の「東京のブライダルの仕事は一%ぐらい、九九%のエネルギーは相馬に投入している」と語っていた。

当初から、NPO法人相馬はらがま朝市クラブの目的を「生活支援」「コミュニティ支援」「産業支援」に置いている。理事会の下に営業部、復興事業部、市民サポート部の三つの部を組織している。営業部は「生産・販売」を目的とし、高橋氏の水産加工工場（復光第一号加工工場）、レストラン、アンテナショップ、販売促進に従事する報徳庵から構成される。復興事業部は復興支援センターMIRAIが担い、支援事業チーム、コミュニティ事業チーム、情報発信チーム、未来創造チームから編成される。

支援事業チームは、住民リサーチ、水支援販売、支援物資管理、助成金申請・報告、事業報告書の作成、コミュニティ事業チームは、はらがま朝市などのイベント企画・運営、ボランティア管理等、情報発信チームは、PR、WEB管理、各種招致企画等、未来創造チームは、新事業創造を目指す、というものである。また、市民サポート部はリヤカー支援として、海援隊の活動を支援していく。このように、三年の活動の積み重ねにより、支援メニューは大きく拡がっているのであった。

押田一秀氏

提供：押田一秀氏

仮設以後の継続支援の課題

相馬市内の恒久的な復興住宅の建設が進み、仮設住宅から退出していく人びとが増えてきた。仮設住宅入居者のうち相馬市民を中心に四〇%はすでに退出したものとみられる。ただし、復興住宅の大半は仮設住宅とさほど立地条件の変わらないところにあり、市街地から離れたところで新たなコミュニティを形成していくことが求められている。実際、復興住宅に移っても、閉塞された地域でさらに高齢化が進むことも予想される。買い物弱者問題も持ち越され、事態はいっそう難しくなっていくことが懸念される。そのような状況なのだが、「現状の仮設住宅のための支援事業（予算）は、復興住宅には適用できない」とされている。

そのような意味で、仮設以後の問題の第一は、支援体制が仮設住宅の頃よりも手薄になっていく懸念があり、それにどう立ち向かうかという点にあろう。つまり、「移ってからの孤立にどう応えるか」ということである。リヤカー海援隊のような丁寧な移動販売を民間ベースで実施していくことは難しい。民間と行政の協働により新たな形を形成していくことが望まれる。沖縄の小さな島の「共同売店」(4)のような形態、また、コミュニティ・バスの運行、ショッピングセンターの送迎バスの運行などの出迎えの形、あるいは、出張型の移動販売車（バス型、一～二トン車、軽トラ）、買物代行など、全国の条件不利地域には多くの経験がある。(5)そして、その相馬の状況にあった仕組み、担い手を含めた取り組みが必要とされよう。

第二は、相馬の基幹産業であった漁業、水産加工業などが原発被災の「補償」が終わった時、どのように再興していくのかが問われる。水産物の風評問題はこれからも続く。東北きっての「近海高級魚」とされた相馬の魚介類が、今後、どのようになっていくのかは予想もつかない。また、元々、素材の良さから水産加工業はあまり発展していなかったのだが、前浜依存が難しくなっている現在から将来にかけて、水産加工業がどのような方向に向かうのかも大きく問われてこよう。素材を求めて他の地に向かうのか、風評とは関わらない素材を導入していくのか、また、付加価値の高い新たな加工領域を切り開いていくのか等が問われているのである。[6]

そして第三に、はらがま朝市クラブに結集してきたエネルギーのある人びとから、新たな事業が創造されていくことが期待される。「事業」とは本来、社会課題を解決していくものとして開始される。リヤカー隊もそうしたものの一つであろう。高齢者集落にリヤカー移動販売が向かうなどは、日本人が若かった時代にはイメージできない事業であろう。人口減少、高齢化が進む時代、その時代にはまた新たな課題に応える事業が生まれてくる。社会課題に挑戦し続けているはらがま朝市クラブを経験した人びとの中から、新たな創造的な事業が構想され、実践されていくことが期待される。

(1) この軽トラックは、全国商工会連合会が相馬商工会議所を通じて無償で貸し出しているものである。詳細については、本書第3章、全国商工会連合会『復興軽トラ』二〇一三年一月、を参照されたい。
(2) 相馬市の仮設住宅は一三カ所、全体で約一五〇〇戸にのぼる。大半は被災した相馬市民向けだが、大野台仮設団地の第六団地（一六四戸）は飯舘村用、第八団地（九二戸）は浪江町用、第七団地（一六二戸）、第九団地（八一戸）は南相馬市を中心に、第一原発二〇キロ圏などの他の町村からも広く受け入れている。
(3) 諸井醸造所のしょっつるについては、関満博『地域産業の「現場」を行く 第7集』新評論、二〇一四年、第193話を参照されたい。
(4) 沖縄の共同売店については、宮城能彦監修『季刊カラカラ別冊 共同店ものがたり』伽楽可楽、二〇〇六年、宮城能彦『共同売店――ふるさとを守るための沖縄の知恵』（沖縄大学地域研究所ブックレット7）二〇〇九年、井上英樹「南の島の共同売店繁盛記」（『翼の王国』日本航空、第五二五号、二〇一三年三月）がある。なお、沖縄の共同売店をモデルに自力で共同売店を展開しているものとして、相馬市の近くの宮城県丸森町の「大張物産センターなんでもや」（関満博「宮城県丸森町／中山間地域で住民出資の共同売店を展開——店舗、調理場、移動販売にも踏み出す（大張物産センターなんでもや）」［『月刊「商工会」』第六六五号、二〇一四年一二月］）がある。この丸森のケースは、沖縄、奄美以外では限られたものではないかと思う。

（5）関満博「中山間地域の買い物弱者と移動販売——大分県佐伯市の多様な取り組み」（『商工金融』第六四巻第一一号、二〇一四年一一月、同「中山間地域の買い物弱者を支えるバス型移動販売——高知県土佐市のサンプラザとハッピーライナー号の展開」（『日経研月報』第四三一号、二〇一五年一月）。

（6）近年顕著になってきた水産加工業の新たな事業展開については、関満博『東日本大震災と地域産業復興Ⅱ、Ⅲ』新評論、二〇一二、二〇一三年、同『地域産業の「現場」を行く 第7集』新評論、二〇一四年、を参照されたい。

第14章　福島県南相馬市／被災地で太陽光発電、植物工場、体験学習
——継続的な支援を目指す（南相馬ソーラー・アグリパーク）

関　満博

東北の大震災の被災地では、復興に向けた多様な取り組みが重ねられている。それらの取り組みの中で、一つの象徴的なものとして、自然エネルギーの利用、新たな農業の展開が各地で行われている。津波被災に加え、放射能災害に直面している福島県南相馬市で、太陽光発電と植物工場を組み合わせ、さらに次の時代を担う子供たちの成長支援を意識した取り組みが行われていた。

一　「もの」から「仕組み」の支援に

ことの起こりは、震災から一週間ほど経った二〇一一年三月一九日、元東京電力執行役員で、南相馬市小高区出身の半谷栄寿《はんがいえいじゅ》氏（一九五三年生まれ）が、居ても立ってもいられず、自らトラックを運転して救援物資を運んでいく。手早く救援物資を被災者に渡すために、原町の銘菓店・栄泉堂に置いてもらった。五月中頃までに六回運んだ。そして、四月の中頃、栄泉堂の女性店主から「子供たちのために何かを」といわれた言葉が心に残った。

初期の物資の支援が一段落し、「もの」から「仕組み」の支援の必要性が痛感された。半谷氏の発想は、「子供たちの成長のために」「キッザニアのような仕事体験」と拡がった。半谷氏は東京電力に勤め

半谷栄寿氏（2013.9.27）

ながらも、一九九一年、環境ＮＰＯオフィス町内会を設立し、代表として活動を重ね、大手町などのオフィス街の古紙回収からはじまり、間伐を進めるなどの森林の健全化にも取り組んでいた。また、東京の豊洲のキッザニアにパネルも展示していた。東京電力の執行役員を二〇一〇年六月に退任し、その後、東京電力の関連会社である尾瀬林業（現東京パワーテクノロジー）の社長に就いていたが、これも予定の五年を一年で切り上げ、二〇一一年六月に退任している。

東京と南相馬をトラックで往復しながら思いを膨らませ、自然エネルギーの「太陽光」、新たな農業の「野菜工場」、そして、子供たちの「体験学習」の三つを組み合わせた「南相馬ソーラー・アグリパーク」を構想していく。

二　太陽光事業と植物工場の形成

そのため、まず、二〇一一年九月、福島復興ソーラー㈱を設立する。資本金一五〇〇万円、株主は半谷栄寿氏、伊藤冷機工業（地元企業）、ＫＣＪ ＧＲＯＵＰ（キッザニア運営会社）の三者であった。事業展開のために「二億円」の資金調達が意識されていた。その頃、総合電機メーカーの東芝のＣＳＲ（Corporate Social Responsibility）本部が、二〇一一年四月、被災地への「一〇億円支援」を発表していた。それに応じ、二〇一一年一一月には福島復興ソーラー側が「ものから仕組みへの必要性」という考え方を提案、東芝CSR本部も賛同し、二〇一二年七月には議決権なしの一億円の増資を受けることになった。

その頃、南相馬市では「南相馬市再生可能エネルギー推進ビジョン」の中で、「南相馬エネルギーパークの構築」を提示していた。この計画の中に太陽光発電による「植物工場」を追加し、事業化に向かっていくことになる。農水省の復興交付金「被災地域農業復興総合支援事業」の補助金として九〇〇〇万円が決定し、先の東芝からの一億円と合わせ福島復興ソーラーはほぼ二億円の資金調達を行うことができた。

さらに、二〇一二年五月、南相馬市は植物工場の建設費として一億一五〇〇万円の復興交付金を受けて、工場建設に向かった。七月には、植物工場を運営する地元農業者として農業生産法人泉ニューワールドを決定している。[1] 八月には事業用地として、津波被災農地二・四ヘクタールを市有地化し、九月には農地転用までテンポ良く行っていた。そして、植物工場メーカーのプロポーザルを審査し、一〇月には㈱グランパ(本社、横浜市)の「エアドーム」に決定していく。[2] 植物工場経営の最大の課題は「販売先」とされているが、この計画については、郡山本社の地元スーパー「ヨークベニマル」が当初(二〇一二年五月)から全量引受の意向を示していた。

このように当初期待していた太陽光発電のための「二億円」の調達が可能になり、さらに、植物工場計画が具体化し、事業が動き始めていく。なお、この太陽光発電所と植物工場は被災後二年目の二〇一三年三月一一日竣工を目指し、太陽光発電所の土地造成は大成建設、太陽光パネル工事は東芝、植物工場の造成は飛島建設、工場施設はグランパとなった。土地全体の所有は南相馬市、太陽光施設の所有は復興ソーラー、植物工場の所有は南相馬市となる。植物工場は南相馬市から泉ニューワールドに無償貸与され、泉ニューワールド側の自己責任で運営されていく。

三　事業全体の輪郭

この結果、施設全体は被災二年後の二〇一三年三月一一日に完成した。福島復興ソーラーが運営する太陽光発電は、一ヘクタールの土地に太陽光パネル二〇一六枚を設置、五〇〇ｋＷの発電能力を備える。これは一般家庭の一七〇軒分に相当する。このうち一〇〇ｋＷを植物工場に安価（一五円／ｋＷｈ）で供給、残りの四〇〇ｋＷを国の固定買取制度を利用して東北電力に四〇円／ｋＷｈで売電する。年間の売上額は一八〇〇万円が予定されていた。なお、太陽光パネルにはオーナー制をとっており、一枚のパネルを年間一万円で販売している。これには約七〇人が応じていた。南相馬ソーラー・アグリパークのホームページには、パネルオーナーのメッセージが掲げられている。

ロシアの宇宙ステーション技術の考え方をベースに開発

植物工場はグランパ製のエアドームであり、ロシアの宇宙開発の考え方を応用した革新的なものである。円形の中で効率的かつ安定的に野菜栽培を進める。エアドームの直径は二九メートル（内径二七メートル）、高さ五メートルであり、東京ドームと同様に、送風ユニット八台による空気圧によって膨らんでいる。採光は太陽光であり鉄骨のないエアドームは最大限に採光できる。

栽培水槽の直径は二〇メートル、中心部に定植用の直径三・二メートルのスペースがある。外周から橋を渡って中心部に行き、そこで定植する。中心部に置かれた苗は水耕栽培され、回転しながら自動的に外周に向かってピッチを拡げながら進んでいく。この栽培水槽には常時、約一万五〇〇〇株の苗が栽培されている。太陽光の当たり具合により作物の成長は規定されるが、スピードを自動的にコントロールすることによって調整する。定植から収穫まで平均で三〇日ほどであり、年間一二回転する。一日一棟当たり四〇〇～四五〇株が収穫される。

当面、このシステムで栽培可能なのはレタス類等の軟弱野菜であり、具体的には、フリルレタス、グリーンリーフレタス、レッドコーラル、ホワイトセロリ、スイートバジルなどであった。エアドーム二棟で一日に八〇〇～九〇〇株が収穫される。これらは全量、ヨークベニマルが買い取ることになる。ヨークベニマルの店舗数は約一九〇、一店あたりに直すとわずか四～五株ということになる。また、相当に拡大の余地がある。

福島復興ソーラーの太陽光発電

泉ニューワールドが運営する植物工場エアドーム
（いずれも2013.9.27）

エアドームで定植が行われている（2013.9.27）

一般社団法人福島復興ソーラーとグリーンアカデミー

以上の太陽光発電、植物工場をベースに、「体験学習による子供たちの成長支援」として「グリーンアカデミー」が構想されていく。その推進・運営母体として「一般社団法人福島復興ソーラー・アグリ体験交流の会」を二〇一二年四月に設立している。代表には半谷氏が就いている。この社団法人には公益財団法人三菱商事復興支援財団が、基金として二〇一三年一月一〇日に三〇〇〇万円を出捐している。さらに、子ども向け職業・社会体験施設「キッザニア」を運営するＫＪＣ ＧＲＯＵＰがその蓄積したノウハウを提供して支援していく。また、このプロジェクトには、三菱自動車が電気自動車のｉ－ＭｉＥＶ一台と充電器を無償提供してくれている。さらに、法人共同スポンサーとして、日本財団、東芝、ヨークベニマル、三井住友海上、ＫＤＤＩ、三菱製紙などが計約二〇〇〇万円の支援をしている。

この「グリーンアカデミー」事業は、「南相馬市など福島県の復興を担う子どもたちが、太陽光発電所での職業体験を通じて、自然エネルギーによる発電の仕組みや電気自動車への蓄電、電気の上手な利用方法などを学ぶほか、自然エネルギーを活用した植物工場で最先端の農業の現場に触れ、地元農業の未来を考えるきっかけの場として頂くことで、子どもたちの成長を継続的に支援することを目指す」としている。

このような理念の下に、二〇一二年四月から社団とキッザニアがプロジェクトチームをつくり、二〇一二年一一月には、南相馬市内の二二の小中学校の校長から個別に意見をもらい、グリーンアカデミーのプログラムに反映させた。二〇一三年四月一一日の原町第二小学校五年生二六人を受け入れるところからスタートしている。小学生は太陽光発電と植物工場の仕事体験、中学生は社団の職場体験のスタイルをとっている。これらは二時間半の単位で行われ、各小中学校の総合学習として扱われている。子供たちの「自ら考える力」「自ら行動する力」の成長を目指している。二〇一三年度の一学期だけで二二六人の小中学生の参加を得た。二学期になって九月だけで二四六人が参加している。

さらに、二〇一三年夏にはサマースクールとして社会人を対象とするセミナーも実施したが、ここには七一六人が参加している。

四　社団の継続性が課題

このように、「太陽光発電」「植物工場」「子供たちの成長支援」の三つの柱で出発した南相馬ソーラー・アグリパークの事業は始まったばかりだが、事業の継続性のためのあり方が模索されている。スタートした一年目は、企業のCSR支援をベースに子供の「無料体験」であったが、将来的にも子供は無料にしても、社団を維持していくためのあり方が問われている。そのためには、社団としては三年後を目途に、「四割受益者負担」「六割CSR支援」「子供無料体験」を掲げている。

そして、その受益者負担を実現させるためには、「団体での見学・体験の有料化」「企業研修の受け入れ」「教育旅行（遠足、修学旅行）の受け入れ」「出前授業」「他の観光資源との連携」等をイメージしていた。

現状、福島復興ソーラー㈱の社長、社団法人の代表理事を兼務する半谷氏は母体のNPOオフィス町内会から報酬を得ているものの、この一連の事業は無報酬で対応している。また、福島復興ソーラー㈱は正規雇用一人、社団は正規雇用三人を抱えている。継続的にCSR支援に頼るわけにもいかない。当面、収入のない社団が自立していくための事業のあり方が問われている。南相馬の被災と復興への取り組みから学ぶべきものは極めて大きい。子供の成長支援をベースに、教育旅行、企業研修などから適切な受益者負担を得られるようなあり方が求められているように思う。

自然エネルギーの「太陽光発電」、先進的な「植物工場」、そして、「子供たちの成長支援」から「高校生、大学生、社会人の人材育成」を視野に入れて、この南相馬ソーラー・アグリパークは、興味深い歩みを始めているのであった。

（1）有限会社泉ニューワールド（佐藤幸信代表）は南相馬市原町区高平地区の大規模受託経営であり、法人設立は二〇〇四年、水稲約一八ヘクタール、大豆二七ヘクタール、小麦一六ヘクタール、その他を含めて約四六ヘクタールを経営している。特に、地域の転作大豆を意欲的に受け入れている。

（2）グランパのエアドームについては、関満博『東日本大震災と地域産業復興 Ⅳ』新評論、二〇一四年、第4章を参照されたい。

終章　復興支援への取り組みから学ぶ
――継続支援、仕組みへの支援、最後の一マイルまでの支援

関　満博

一九九五年一月一七日の阪神・淡路大震災以来、大きな災害が起こると、大量の支援物資が届き、多くの人びとが復旧、復興支援の「現場」に入っていくようになった。自然災害大国日本の場合、その後も大きな災害が続いている。その度に、支援のノウハウが深まり、支援のあり方も拡がってきたようにみえる。

実際、経験を重ねる中で「初期的支援」から「継続的支援」へ、あるいは「もの」から「仕組み」への支援の重要性が深く認識されてきた。さらに、目にとまりにくい「最後の一マイル」を意識した取り組みも各方面でみられるようになってきた。こうした点が、今回の東日本大震災以後の取り組みの一つの大きな特徴であろう。

この間、復旧、復興に向けて市場経済の仕組みだけでは不十分であり、行政の関わるべきことが幅広く横たわっていることも深く理解されてきた。さらに、その市場経済と行政の取り組みの「はざま」に隠れている深い社会課題に目を向ける人びとが登場してきた。このように、経験と知恵の蓄積により、継続的支援、仕組みへの支援、さらに、最後の一マイルまでの支援が推進されるなど、支援の世界も経験を重ねる中で進化している。それはいまも続いている。

そして、その被災後に発生する様々な社会課題の中でも、「地域産業、中小企業支援」の取り組みは、

今回の東日本大震災後に初めて広範に開始されたのではないかと思う。成熟化、人口減少、高齢化が進む中で、日本の産業社会全体が構造的に勢いを失くしている。そのため、産業、企業の自主的な取り組みだけでは、復旧、復興を期待することは難しい。被災地域の現在から将来に向けての「雇用」や「暮らし」を支える仕組みとして、地域産業、中小企業の重要性が深く認識されてきたのであろう。

被災後の地域産業、中小企業支援の「現場」では、操業の場や機材の提供といった初期的な支援に加え、その後の継続的な支援が目を惹いた。物的支援に加え、資金的支援、人的な支援、多様な販売支援、事業機会の提供などが継続的に積み重ねられている。

さらに、被災地の復旧、復興に関わる社会課題にビジネスの仕組みで解決に向かおうとする「社会企業家」というべき存在が大量に登場してきたことも、東日本大震災以降の新たな特徴であろう。災害からの復旧、復興の過程で、人びとに勇気を与え、就業の場を提供し、暮らしを支える地域産業、中小企業の意義が深く理解されてきたのではないかと思う。

本書を閉じるこの章では、ここまでの各章でみてきた多様な取り組みを振り返り、地域産業、中小企業の復旧、復興と、その支援の意味するところを考えていくことにしたい。

幅の広い資金的な支援

少し前までの、大きな災害後の地域産業、中小企業に対する公的な支援はまことに貧弱なものであった。公共サイドの支援は、被災企業が復活していく際の投資額に対して利子補給をするというにすぎなかった。一九九五年一月の阪神・淡路大震災からの復旧・復興過程においては、被災地を「特区」として多方面にわたる優遇措置を提供すべきという要望が大きかったのだが、当時の大蔵省（現財務省）は「日本は市場経済をベースにする先進国であり、途上国のような一国二制度はとらない」として拒絶していた(1)。

一九九五年といえば、すでに日本産業の空洞化が急ピッチで進み始め、地方圏は人口減少、高齢化に踏み込んでいたのだが、政策のサイドには日本の経済、産業は依然として力強く、自律回復できるというイメージを抱いていたのかもしれない。

その後、阪神・淡路大震災から東日本大震災までには「失われた二〇年」が拡がり、日本の置かれている内外の環境も劇的に変わってきた。国際的にはアジア、中国の発展、世界における日本の存在感の低下、国内的には、成熟化、人口減少、高齢化、産業の空洞化、事業所数の激減、起業意欲の低迷などが痛感される。さらに加えて、東日本太平洋沿岸地域は過疎化に悩まされる典型的な条件不利地域でもあった。そのため、市場経済に任せた自律回復は難しいとの判断が働いたのであろう、今回はかつてない内容と規模の公的支援が提供されていった。

特に注目すべきは、一つに「復旧に際する投資額に対して四分の三を補助する」という「グループ補助金(2)」であり、もう一つは被災企業に無償で「事業用仮設施設(3)」を大量に提供するというものであった。これにより、一万を超える被災事業者が操業の場を確保することができた。また、水産庁による投資額全体に対する八分の七の補助金の提供、被災各県の立地補助金の提供も、多くの被災企業に勇気を与えるものであった。このような支援がなければ、被災事業者の半数以上が再開できなかったように思える。

この二つの支援は画期的なものであったが、さらに、第1章でみた被災直後からアイリンクにより提供された「オーナー制」、第2章でみたミュージックセキュリティーズによって提供されたクラウドファンディングの「セキュリテ被災地応援ファンド」は、ネットを媒介に新たな支援の形として多くの人びとに、個々人が支援できる可能性を切り開いたという意味でも大きな役割を演じた。これらの取り組みは初期的には資金（資機材）を提供するものであったが、その後、継続支援として販売支援等の多様な支援に踏み込んでいることも注目される。

また、民間の資金援助としては、ヤマト福祉財団、三菱復興支援財団、東日本大震災復興支援財団等が大型の基金を組成し、スピーディに地域産業、中小企業の復旧、復興に寄与したことも注目される。特に、第2章でみた三菱復興支援財団と、地域産業、中小企業の事情を掌握している気仙沼信金との連携は、震災復興支援ばかりでなく、これからの地域産業の復興、振興にも継続的に深く関わる仕組みと新たな可能性を提示するものであった。このあたりから、人口減少、高齢化に向かうこれからの地域金融のあり方が生まれてくることが期待される。

物的な支援

地域産業、中小企業が復旧、復興に向かうにあたって物的に最も効果的であったのは、先のグループ補助金による事業用施設の回復、事業用仮設施設といったハードの提供ということになろう。そして、これらの基幹的な施設が提供される前後に、ＮＰＯや経済団体等から興味深い物的支援が提供されていたことも注目される。

被災直後に特に目を惹いたのは、三陸沿岸の基幹産業である水産関連産業に対して、全国の漁協や世界のＮＰＯ団体から大量の漁船・漁具等の提供が行われたことであった。さらに、事業再開の起点となる大型テントやコンテナの提供も少なくなかった。そして、被災周辺の市町村からは空工場の斡旋、公設の貸工場、インキュベーション施設の無償提供も行われた(4)。特に、水産関連産業の場合、魚介藻種ごとの漁期があり、時期を外すと一年を棒に振ることになる。そうしたことは支援する側にも深く理解されていたのであった。

また、第3章でみたように、全国商工会連合会からは車両（軽トラ）一〇二台が被災地の商工会・商工会議所を通じて被災事業者に無償提供された。この軽トラは立地条件の悪い仮設住宅に向けた移動販売、宅配に従事し、住民に歓迎された。それは、被災した事業者を勇気づけ、事業を再開していくキッカケにもなっていった。

これらに加え、民間団体の北上工業クラブの被災事業者に対する大量の「工具」の提供(5)、日本商工会議所による会員から寄せられた「中古機械設備」の提供が行われた。さらに、日立地区の中小機械金属企業の機械の転倒等の被害に対し、全国的な中小企業ネットワークが即座に大量の水準器を提供し、機械設備の回復等が一気に行われたことも注目された(6)。

また、被災した事業者から製品の代替生産を引き受け、発注側をつなぎ止め事業継続への条件を提供していったケースもある。そして、全国の個々の事業者が、空いている場所と機械設備を提供していった。さらに、第7章の「結海」のケースのように、都市間の連携により「販売拠点」を設置し、応援していくというものもあった。

バブル経済崩壊以降の二〇年間の間に、経済は停滞したものの、むしろ、この間の異業種交流運動などを通じて事業者の横の連携が拡がり、さらに、中小企業の若手経営者による全国的な中小企業ネットワークが拡がっていたのである。中小企業の場合、休業期間が長いと仕事が他の事業者に転注され、戻ってこない。被災後の操業条件確保は事業者にとって死活的な問題であることが共有されていたのである。(7)

起業支援、仕事をつくる取り組み

今回の被災後の取り組みで目立ったことの一つは、避難所、仮設住宅に閉じこもっている人びとに「仕事」を提供すること、被災した事業者に事業意欲を喚起してもらい、新たな事業体への転換を促そうという取り組みが広範にみられた点であろう。

三陸の水産加工業の場合、中高年女性労働の比重が特に高かった。だが、被災後の復旧過程においては、ガレキ処理等により男性型の就業機会は大きく拡がった反面、女性の働く場が一気に縮小した。このような事情に対し、避難所でも、仮設住宅でも可能な仕事の創出が取り組まれた。第11章で扱った「浜のミサンガ環」や「刺し子」プロジェクト、あるいは、南三陸町の被災した女性たちによるYES工房のノベルティ商品「オクトパス」の生産などの取り組みが注目される。(8)

また、東京のNPO法人による釜石における「キッチンカー・プロジェクト」(9)、大阪のNPO法人による山田における「たき火カレー・プロジェクト」(10)は、いずれもキッチンカーを利用し、被災者への温かい食事の提供に加え、被災した事業者たちの事業意欲を喚起しようというものであった。被災後しばらくの状況の中で、キッチンカーを媒介に起業し、固定店舗にまで発展させた事業者も少なくない。そのような飲食業の再開・起業支援としては、第10章でみたいわき市の「夜明け市場」のように、古い飲食街をリノベーションし、魅力的なスペースを提供するという取り組みも進められている。

さらに、被災地外の企業が、被災地に新産業をもたらし、あるいは就業の場の拡大を意識して進出してきたケースもある。二〇一三年末に閉鎖されたものの、当初から一〇〇〇日限定を意識し、石巻市に一七台のトレーラーハウスによる商業施設「ホット横丁石巻」を展開、一〇〇人の雇用を生んだ築地銀だこ、陸前高田市に展開した革新的な植物工場のグランパ、あるいは、同じ陸前高田市で就業の場の創出を意識したワタミタクショクのコールセンター設置のケースなどである。[11]本書第14章の継続的な支援と学習の場の提供を意識する「南相馬ソーラー・アグリパーク」のケースも、そうしたものの一つであろう。

なお、この南相馬ソーラー・アグリパークのケースでは、大企業のCSR（Corporate Social Responsibility）部門が資金的な支援をしている。先のヤマト福祉財団や三菱復興支援財団などの場合は、大企業が大型の基金を組成して支援してきたものだが、その他にも、大企業のCSR部門が多様な支援を提供していたこと、さらに、都会の職業人がその専門的な知識・技術を提供する「プロボノ」が拡がったことも、今回の東日本大震災以後の一つの大きな特徴であろう。バブル経済崩壊以降、持続的な社会の形成、企業の社会的責任が深く問われてきたが、そのような成果が反映されてきたように思う。

このような中で、地域の独自の資源に新たな価値を見出し、新産業として興していこうとする取り組みが各地でみられた。宮古市の水産加工業の若い後継者たちによる得意技を組み合わせて新商品を生み出そうとする「チーム漁火」の取り組み、[12]陸前高田市の大手水産加工企業が中心になり、中小の加工企業を組み込んだ新たな水産食品加工団地の建設、そして、地域ブランドの共同開発などの取り組みが進められている。(13)また、津波被災した南三陸町の電線加工の中小企業が、東京のデザイナーグループの後押しにより、従業員の雇用を守るために全くの異業種のハンドバッグ製造に踏み込み、成功していったケースもある。(14)

このように、被災からの復旧、復興の過程の中で、新たな取り組みが重ねられていったのであった。

専門的人材による支援

今回の事業者の復旧、復興支援に関して、人的にも多方面にわたる支援が提供された。弁護士、会計士、税理士、中小企業診断士、社会保険労務士等の専門職の人びとが被災地に出向き、それぞれの専門分野の相談・指導等にボランティアで応じていた。

また、東北トヨタ（旧関東自動車工業）は、岩手県金ヶ崎町に立地して二〇年以上になるが、被災の少し前から岩手県庁との間で、トヨタ生産システムをベースに県内企業の指導をする取り決めをしていた。今回の被災に対しては、早い時期から自ら被災企業を訪れ、工場設計から生産管理までの本格的かつ継続的な指導に入っている。その数は十数社に及ぶ。東北トヨタの生産技術者たちが、再建に向かう被災企業を訪れ「迷惑でなかったら、自分たちに指導させて欲しい」と入っていた。

例えば、三陸の基幹産業である水産加工業の場合、本業の加工以外に大型の冷蔵庫を備え、大量に原材料の魚介類を仕入れ、騰貴目的でその売買を行っていることが多かった。トヨタ側はその点を突き、「本業に力を入れるべき。冷蔵庫を半分の大きさにすべき」との指導を重ねていた。冷蔵庫が半分になれば、従来とは異なった考え方で事業を進めていかなければならない。指導を受けている事業者たちは、一様に「目が覚める思い」と語っていた。古いタイプの水産加工企業は一気に近代化の方向に向かっているのである。

今回の津波で職員の多くを失った市町村役場も少なくない。復旧、復興に向けて膨大な仕事量が発生している。この点に関し、全国の都道府県、市町村から派遣職員が大量に投入されている。被災後三年半が経った現在、正規職員とほぼ同数の派遣職員がいる被災町役場もある。特に、復旧、復興の初期的段階にある現在、土木・建築系の仕事が山積している。日本の場合、この領域は全国的に制度、取扱いが標準化されていることが多く、派遣されてきた職員も即戦力として機能していることも注目される。また、すでにリタイアしている全国の技術系の元職員たちも自主的に参集し、被災市町村の臨時職員として、豊富な経験を基に専門的な力量を発揮している場合も少なくない(15)。

このような技術者たちの被災地での活動は、人的資源に限られる被災地の復旧、復興に大きく貢献している。

社会課題に向かう若者たち

以上のような専門的人材の活動に加え、今回は行政では手をつけにくい社会課題の解決に応えようとする多くの若者たちが被災地に入っていることも注目される。初期には支援物資の配布、ガレキの処理等に携わっていたが、その後、継続的支援、仕組みづくりの支援を意識し、被災した人びとの就業の場の創出、地域産業、中小企業の復旧、復興支援に向かっていく場合もみられる。彼らは特別の専門的技術を身に着けていたわけではなかったのだが、「現場」で活動を重ねる中で社会課題を深く意識し、新たな知識と技術を身に着け、社会企業家として育ち、継続的支援に入っていったことも興味深い。成熟した日本では、周囲に社会課題を痛感させる環境は乏しく、社会意識を抱く若者がなかなか育っていかない。だが、被災からの復旧、復興の「現場」は鮮烈であり、感受性の豊かな若者に大きな影響を与え、社会課題の解決に向かおうとする若者を育ててくれているのである。

例えば、ＮＰＯ法人ＥＴＩＣは、従来から若者の就職支援に実績を上げていたが、東日本大震災以後「東北の地域課題解決型プロジェクトに取り組んでいるリーダーの下に、『右腕』を送り込む事業」に取り組んできた。被災五年で三〇〇人を送り込む計画になっている。多くの学生や若い社会人たちがそれに応じ、復旧、復興の「現場」にいる専門家の下でその「右腕」として働いている。このような若者たちは一定期間経過後も継続していく場合が多く、さらに、その後、社会企業家として独立創業に向かうケースもみられる。被災地の復旧、復興支援の「現場」は若者たちに大きな刺激を与えているのであった。

このような動きは、被災各地で成立してきた小さなＮＰＯ団体でもよくみられる。例えば、本書第8章の「おらが大槌夢広場」、第9章の「アスヘノキボウ」、第10章の「47ＰＬＡＮＮＩＮＧ」、第12章の「Sweet Treet311」などからは、そこに関わった若者や女性たちが社会企業家として育っているのである。

最後の一マイルの取り組み

市場と政府の中間領域に、手の付けにくい難しい問題が取り残されていく場合が少なくない。NPOや社会企業家が踏み込むのはそのような領域であり、継続的な支援が積み重ねられていく。従来、このような人びとの取り組む領域は人の「暮らし」に直接的に関わる部分が多かったのだが、東日本大震災という未曾有の被災に対しては、人の「暮らし」の基礎となる地域産業、中小企業の領域にも多くの関心が寄せられていく。震災に加え、放射能災害に悩む南相馬市小高区の中小機械金属企業グループを焦点に、その復旧、復興を伴走型で支援する第6章の「Bridge for Fukushima」のケースはそうした意識の明確なものであろう。

さらに、このような具体的なテーマを意識し、「最後の一マイル」まで支援しようとする取り組みも今回の支援の中で浮かび上がってきた。

第4章でみた岩手県釜石市の「三陸ひとつなぎ自然学校」のケースは、被災当初からそれぞれの局面で発生してくる問題に対応し、「地域のあらゆる資源を活用し、住民との交流を深め」、「被災地入りしたボランティアと被災の現場とのつなぎ、地域住民との交流の橋渡し、放課後の子どもの居場所づくり」というところから始まり、地域の人びとの生活改善、新産業の創出を目指して、漁師料理といった興味深い郷土料理等の地域資源に着目した新たな産業起こしにまで踏み込んでいる。また、第5章でみた浪江町の二つのNPOは、被災、避難という非日常の中で、避難弱者である障害者に居場所と働く場を提供するものであった。

さらに、第13章でみた相馬市の「相馬はらがま朝市クラブ」は、被災直後から朝市を展開、その後は、仮設住宅に暮らす買い物弱者となっている高齢の人びとに向けて「リヤカー隊」を組織し、リヤカーをゆっくり引いて安否確認の声かけをしながら、食品、生活用品を移動販売するものであった。特に、相馬の場合、地元の津波被災者に加え、飯舘や浪江といった帰還の難しい第一原発二〇キロ圏等の地域の人びとが暮らす仮設住宅団地が設置されているが、「最後の一人まで」支援していく構えであった。

このように、NPO、社会企業家の支援は、当初の支援物資の取扱い、ガレキの処理等の段階から、人びとの「暮らし」を支えていくための支援の継続性が深く意識されていく。さらに、そのための仕組みづくりとして「就業の場」の創出、地域産業、中小企業の復興を視野に入れ、そして、「最後の一人」までを支援していくためのあり方が模索されているのであった。

被災地の復旧、復興の「現場」では、これまでの日本ではみられなかった多様な取り組みが重ねられている。人口減少、高齢化が際立つ条件不利地域の復旧、復興を市場メカニズムだけに任せておくと、若者の流失、高齢化、人口減少により地域を消滅させていく懸念もある。さらに、復旧、復興の「現場」ではやるべきことがあまりにも多く、行政サイドの取り組みだけでは細かな対応も難しい。そのような状況の中で、実に多様な主体や個人が、それぞれの持ち味を活かしながら深く関わり、新たな取り組むべき社会課題を見出し、多様な形で踏み込んでいるのであった。

ここから、新たに生まれてくるものも少なくない。NPO法人、社会企業家、そして普通の個人も、復興に向かう「現場」で社会との新たな関わり方、新たな価値を見出しているのであろう。そのような意味で、東日本大震災からの復旧、復興の過程は、迫り来る人口減少、超高齢社会におけるあり方を指し示すものであるように思う。ここから、私たちは新たな世界を切り開いていくのである。

(1)東日本大震災の一六年前に発生した阪神・淡路大震災の際の産業、中小企業の被災と復旧・復興をめぐる事情については、関満博・大塚幸雄編『阪神復興と地域産業』新評論、二〇〇一年、を参照されたい。

(2)グループ補助金により復活した事業者のケースとしては、関満博『東日本大震災と地域産業復興 I～IV』新評論、二〇一一～二〇一四年、各章を参照されたい。

(3)中小企業基盤整備機構が提供してきた大量の事業用仮設施設については、関満博・松永桂子編『震災復興と地域産業 4 まちの自立を支える「仮設商店街」』新評論、二〇一三年、を参照されたい。

(4)公設の貸工場、インキュベーション施設を無償貸与したケースとしては、北上市、花巻市がある。これらについては、関、前掲『東日本大震災と地域産業復興 I』第13章を参照されたい。

(5)この点については、関、前掲書、第13章を参照されたい。

(6)この中小企業ネットワークによる対応のケースとしては、日立市、ひたちなか市を焦点とする取り組みが注目される。関、前掲書、第9章を参照されたい。

(7)このような問題指摘は、二〇〇七年七月一六日の「中越沖地震」の際の被災中小企業の足取りを記録した、関満博「震災に立ち向かう柏崎中小企業——中越沖地震直後の『現場』レポート」(『商工金融』第五七巻第一〇号、二〇〇七年一〇月)を参照されたい。

(8)南三陸町のYES工房の取り組みは、松永桂子「観光・交流・学びの新たな展開」(関満博・松永桂子『震災復興と地域産業 5 小さな〝まち〟の未来を映す「南三陸モデル」』新評論、二〇一四年、第8章)を参照されたい。

(9)釜石の「キッチンカー・プロジェクト」については、姜雪潔「産業振興・地域創造とNPO——東北発・ソーシャルイノベーションの芽生え」(関満博編『震災復興と地域産業 2 産業創造に向かう「釜石モデル』』新評論、二〇一三年、第8章）を参照されたい。

(10)「たき火カレー・プロジェクト」については、関、前掲『東日本大震災と地域産業復興Ⅲ』第1章を参照されたい。

(11) グランパとワタミタクショクのケースは、関、前掲『東日本大震災と地域産業復興Ⅳ』第4章を参照されたい。

(12) 宮古の水産加工業の若手後継者たちは得意技を持ち寄り、新たな商品開発につなげていった。併せて、この被災からの復旧、復興の過程で世代交代を推進していったことも興味深い。このあたりの事情は、関、前掲『東日本大震災と地域産業復興Ⅲ』第2章を参照されたい。

(13) 陸前高田市のこのような取り組みは、関、前掲『東日本大震災と地域産業復興Ⅳ』第4章を参照されたい。

(14) 電線からハンドバッグ生産に踏み込んだ南三陸のアストロテックのケースは、関満博「南三陸のモノづくり系企業の状況」（関・松永、前掲書、第5章）を参照されたい。

(15) 自治体派遣職員の事情については、『地域開発』（第五九二号、二〇一四年一月）で、派遣された当事者による、特集「自治体派遣職員からみた、震災復興の現状と課題」を組んである。

補論1　宮城県南三陸町／広大な浸水域で最初に再開した女性企業家
——海の男たちを支える（大森屋商店）

関　満博

宮城県南三陸町、東日本大震災の一五メートルを超える巨大津波により、湾岸から市街地は徹底的に破壊された。二〇一二年一二月現在では死者五一七人、行方不明者（届出数）六四四人の計一一六二人とされている。行方不明者が多いということはそれだけ津波の威力が大きかったことを意味している。[1]

二〇一四年七月現在、広大な浸水域は嵩上げの盛土工事（一〇・六メートル）がようやく開始されたところであり、かつての中心市街地の部分は広大な空間になっている。ただし、この空間の端のあたりの志津川港、魚市場に近い無人の志津川大森町に中小企業基盤整備機構による仮設の商業施設（二店舗連棟）が建っている。酒・タバコ・食品等の大森屋商店とホルモンをベースにしたおおもり食堂であった。[2]

チリ地震津波でも被災、そして再開

南三陸町の被災した中心市街地は、志津川湾に注ぐ八幡川を中心に両岸に発達した沖積平野に形成されていた。現在は八幡川の両岸ともに居住禁止区域の大空間を形成しているが、復興計画では八幡川左岸が盛土され、新たな中心市街地の業務地区を形成することになっている。右岸は公園その他と

木村好子さん（2014.7.23）

中小機構による仮設店舗／左が大森屋商店、右がおおもり食堂（2014.7.24）

されている。

早くも、被災した年の二〇一一年六月四日には、南三陸町大森町の浸水域で初めての大森屋商店のプレハブの店舗が再開した。タバコ、ジュース、パンを置いた。通電しておらず、ジュースは発泡スチロールの箱に水を入れて冷やした。その後、一一月二三日に近くにやはりプレハブのおおもり食堂が開店している。以後三年を経過するが、この八幡川左岸のエリアで開店している店舗はこの二店以外にない。

大森屋商店の店主は木村好子さん（一九四七年生まれ）。父、母に次いだ三代目となる。創業は一九五二年一一月二七日、両親がタバコ、塩の専売から始め、その後、食品、雑貨などを加えてきた。現在の柱の一つである酒は一〇年ほど前から始めている。

一九六〇年五月二四日にはチリ地震津波に襲われ、この大森町のあたりは浸水深三・一メートルとなり、市街地は壊滅した。なお、このチリ地震津波の際には、旧志津川町の死者は四一人を数えた。そのような状況の中でも、父は三カ月後には木造バラックで再開している。好子さんはその姿を強く胸に焼き付けていた。

さらに、父は一九六二年には津波を意識してブロック造二階建てに建て直していた。一階が店舗と奥座敷、二階を住居としていた。
その後、仕事は順調に運んでいたが、一九九三年に父が亡くなり、二〇〇一年には母が亡くなる。好子さんには弟がいるが仙台で税理士をしており、継ぐ環境になく、長姉の好子さんは母に「私が継いであげる」と安心させていた。好子さんは他に嫁いでいたのだが、母の死の前後から大森町に戻っていた。そして、継いで一〇年後に東日本大震災に遭遇した。

浸水域に仮設店舗は2店（左が大森屋商店、右端がおおもり食堂）（2013.8.20）

2011年6月4日オープンの最初の仮設の大森屋商店（2013.4.5）

浸水域の市街地で一番早く再開

地震の際には店にいたが、高台に避難し、店が流れていくのをみていた。高台のアリーナと親戚宅に避難し（三日）、仙台の自宅（長男が司法書士の事務所として利用）に移り、その後、二次避難所のホテル観洋に八月末まで居住し、夫妻で仮設住宅（小森）に移る。さらに、被災した場所は居住制限となること

タバコが充実している

農家が野菜を持ってきていた（いずれも2014.7.23）

から住宅建設は諦め、二〇一二年秋には高台に自宅を建設し、引っ越している。

　大森屋商店の一番の客は漁業、市場関係者であり、被災後、彼らは特にタバコの調達に苦慮していた。特に激しい仕事である漁師にとってタバコは欠かせない。このタバコの供給の必要性を痛感したことを再開の第一の理由にあげていた。さらに、もう一つは、父がチリ地震津波後、三カ月後にまちで最初に立ち上げたことが脳裏に浮かんだ。「私でもできる」と心に決め、連れ合いと弟に相談し、再開を意思決定している。

　一〇年間、店を回して蓄えもあることからプレハブで再開を図るが、手続きにたいへんな思いを重ねる。「建築確認」など知らない言葉ばかりで、「何を言われているのか全くわからなかった」と振り返っていた。父の時は役場から阻止されたわけでもないことから、「いいよ、やったろう」と流れた自分の土地（約四〇〇坪）の上に仮設のプレハブ店舗を建てた。水道は通じており、下水は浄化槽であったため使えた。電気は通電していなかったが、比較的早い時期に通してもらった。

海の男たちの朝は早いため、六時三〇分には開店している（一九時まで）。タバコは自動販売機でも買えるのだが、海の男たちはタスポなどは持たない。開店前から店の前で黙って待っている。この開店にあたってはＬＡＲＫがタバコ販売用のラックを寄贈してくれた。店内には珍しいタバコも多種類用意されていた。

現在の店の品揃えは、タバコ、酒類、飲料水、パン、菓子類、インスタント食品、野菜などである。酒の中には「希望の光」の銘柄が置いてあった。大森屋商店の場合、以前からプライベートブランドの清酒「大森屋」、焼酎「大森屋」を気仙沼の角星（醸造業）に作らせており、被災後は清酒「希望の光」の名称のプライベートブランド酒を提供している。この酒は、再建が進む南三陸の上棟式などでよく用いられている。

本設の課題／年齢の壁と事業意欲

大森屋商店の従前地は嵩上げされ、居住制限区域となり、水産加工団地が計画されている。盛土がそろそろ開始されるため、移転を余儀なくされた。この点に関しては、中小企業基盤整備機構が仮設店舗を用意することになり、おおもり食堂と共に近くに移転し、連棟で入っている。土地は町有地であり、元は集会所のあったところである。二〇一四年三月一七日に移転完了した。中小機構からは「二～三年と思ってください」と言われていた。

従前地のあたりは区画整理事業となり、減歩も行われるが、まだ最終的な場所（代替地）は決定していない。いずれにしても居住はできない。一九四七年生まれの木村さんは二～三年後には七〇歳になる。本設ができるのかどうか、借金できるのかどうか、「思案のしどころ」としていた。

二〇一一年に仮設で再開する際、南三陸さんさん商店街(3)にも誘われた。だが、観光客をターゲットにするさんさん商店街では、大森屋商店の品揃えでは難しいという判断であり、出店を見送った。また、被災前には志津川の範囲で三店であったコンビニエンスストアが、現在では六店に増加している。そのような事情の中で、本設の難しさを考え、「その時にならないとわからない」としていた。

被災地の商店、飲食店、サービス業の復旧、復興をみていると、六〇代中盤ぐらいが一つの大きな節目のようにみえる。体力、気力は個人的に差が大きくなるものの、後継者がいるのかどうか、返済を考えると借金してまで投資できるのか。こうした点が大きな障害になっている。六三歳で志津川の浸水域で最初に再開に踏み出した木村さんは、「誰かに貸すかもしれない」と語りながらも、次の可能性を探っているようにみえた。

(1) 南三陸町の概要、被災状況等については、関満博・松永桂子『震災復興と地域産業 5 小さな〝まち〟の未来を映す「南三陸モデル」』新評論、二〇一四年、を参照されたい。

(2) おおもり食堂については、関満博「生活支援産業の再開の現状と課題」(前掲書、第7章)を参照されたい。

(3) 南三陸さんさん商店街については、松永桂子「津波被災地域の『仮設商店街』の取り組みと行方」(前掲書、第6章)を参照されたい。

補論2　岩手県釜石市／被災後最初に設立された水産加工企業
――地域に雇用を生み出す（釜石ヒカリフーズ）

関　満博

二〇一一年三月一一日の東日本大震災の津波により、三陸沿岸の漁業、水産加工業は壊滅的な被害を受けた。このような事態に対して、国は再建するための投資の四分の三を補助するという「グループ補助金」、あるいは水産庁の八分の七の補助金などが投入され、意欲的な水産加工企業は操業環境を回復させている。ただし、操業停止中に受注先が他の地区の水産加工企業に転注するなどが重なり、販売先の確保に苦慮している。さらに、被災後、人口減少が進み、従業員の調達が思い通りにいかない。そのような事情から、被災後三年半が経過する二〇一四年九月段階でも、一般的な水産加工企業の仕事の回復率は八〇％程度とされているのである。

このような事情の中で、釜石市郊外の唐丹町に釜石ヒカリフーズ㈱という新規の水産加工企業が設立された。岩手県で被災後初の水産加工企業の設立、釜石市内で二例目の立地協定締結企業（一例目は大槌町で被災し、釜石に移転再開した双日食品）、さらに、釜石市唐丹町では唯一の新規設立企業とされていた。

近年、初期投資額の大きい事業領域で新規創業はなかなか実行されていない。この点、震災復興という特別な事情の中で多様な補助金等が用意されているが、それらをうまく組み合わせ、被災地に「雇用」を生み出すことを深く意識し、水産加工業という被災地の基幹的な事業領域で新たに立ち上

津波被災した唐丹湾岸（2011.8.10）

唐丹湾に面するヒカリフーズの新工場（2014.8.1）

がったものとして注目される。

被災後五カ月で新会社を設立

釜石ヒカリフーズの代表取締役社長の佐藤正一氏（一九六〇年生まれ）は、盛岡市の生まれ、育ち。千葉商科大学を卒業後、東北銀行に入る。夫人の父が釜石の阪神低温の専務を勤めていたのだが、亡くなったことから、一九九八年に銀行を三七歳で退職し、釜石の阪神低温に入社する。阪神低温の本社は兵庫県西宮市だが、主力の工場は釜石市、釜石市唐丹町、山田町に設置され、三陸で一五〇～一六〇人（中国人研修生約五〇人）規模で水産物の一次加工に従事していた。佐藤氏は経理と工場管理に従事してきた。真イカを主体に、シーフードミックス（イカの角切り）、ツボ焼き、さらに、イクラ加工、サンマの冷凍などを行ってきた。

三月一一日の津波で阪神低温の三工場は全て流失した。従業員一人が犠牲になっている。佐藤氏は山田の工場で被災している。被災後、阪神低温は再建しない方針であり、釜石で二〇人規模でペルーイカを主体に加工を一部に継続している。佐藤氏は「地元の魚を使わず、雇用拡大の意思もない以上、

佐藤正一氏

釜石ヒカリフーズの製造現場（いずれも2014.8.1）

阪神低温に留まる意味がない」として退職、自ら起業していくことにする。

唐丹は旧伊達藩の沿岸最北の地であったが、一九五〇年代の昭和の合併の時期に旧南部藩の釜石市と合併し釜石市唐丹町となった。現在の人口は約三〇〇〇人、八〇〇〜九〇〇世帯から構成されている。現在でもかなり独立的、自立的な地域とされている[1]。

大震災津波は二〇メートルにも達し、湾岸の水産関連、住宅の全てを流失させた。また、この唐丹には大村技研[2]（約二六〇人）、阪神低温（約四〇人）の二工場があったのだが、いずれも再開されていない。約三〇〇人の雇用が失われたことになる。このような事情の下で、佐藤氏は唐丹に働く場を形成していくことを強く意識し、二〇一一年八月には資本金二〇〇〇万円で㈱釜石ヒカリフーズを設立していく。

被災一年半後に工場スタート

釜石ヒカリフーズの設立の趣旨は以下のように示されている。

①　東日本大震災で唐丹町から全ての企業が撤退し、雇用が失われ、受け皿となる企業の設立が急務となった。

原料の冷凍されたイカ

冷凍されたイカ（いずれも2014.8.1）

② 地域の主要産業であった水産加工業が軒並み打撃を受け、早期に事業を再開しないと、中長期的な産業の衰退が一気に加速する懸念がある。

③ 既存の水産加工業が、事業再建と共に規模を縮小したり、原料の地域依存を下げる動きをみせ始める中で、漁協／魚連や市から後押しの動きがあった。

被災企業の再建に対して四分の三の補助金を提供するグループ補助を第四次まで申請するが、認められなかった。この間、地元の人から湾岸の現在地一一四四平方メートルを借り、二〇一一年一二月には建築確認も下りた。設計、資金繰りに走る。釜石市とは二〇一三年三月に立地協定を締結、建物、設備の二〇％補助が認められた。その他、出身の東北銀行に取りまとめの世話になり、日本政策金融公庫から工場建屋の資金、岩手県産業振興センターから機械の設備貸与を受け、総額二億三〇〇〇万円を調達した。

ただし、それでも足らず、カタールフレンド基金に申し込みをし、一三三件の応募に対し、五件の採用の一つに入った。ここから無償で一億円を調達した。これで廃水処理施設、プロトン冷蔵庫

(バッチ式、二五〇〇万円)を入れた。

さらに、東北共益投資基金を釜石市に紹介され、一三〇〇万円を議決権なしで出資してもらう。その結果、現在の釜石ヒカリフーズの資本金は一五〇〇万円となった。

このような資金手当を背景に、二〇一二年三月二五日に起工式、七月二五日に竣工した。工場の面積は約二〇〇坪であった。その間、従業員を集め、八月から稼働に入った。スタート時の従業員数は一三人(男性四人)、元の阪神低温の従業員は七人が戻ってくれた。二〇一四年八月現在、従業員数は二四人(男性八人)に増えている。一八歳から六三歳までの人がいる。なお、佐藤氏の長女(二四歳)が、東北福祉大学を卒業し、父の事業の加工の現場に入ってきている。

フレッシュから冷凍調理品まで視野に

釜石ヒカリフーズは前浜の魚介類にこだわっている。唐丹湾は養殖と定置網漁業が行われているが、生産量はワカメ三〇〇〇トン、メカブ一〇〇〇トン、ホタテ三〇〇トン、ウニむき身二〇トン、アワビ二〇トンの他にホヤも獲れる。当面、三陸のイカ、タコ、サバを中心にワカメなどの一次加工を手掛けていた。二〇一二年八月から二〇一三年三月までの八カ月間で売上額は五〇〇〇万円であったが、二〇一四年三月期は通年で二億二〇〇〇万円に上昇していた。二〇一四年度は三億円を目指していた。一次加工の寿司ネタを得意としている。原材料は前浜のイカ、タコ、サバ、ワカメを軸にしていた。仕入れは唐丹漁協、釜石魚連に依存していた。

主力得意先として、阪神低温時代に取り引きのあった寿司ネタ問屋の東日本フーズ(石巻)の

ＯＥＭを期待してスタートしたのだが、東日本フーズ自体が被災しており、八月後半にようやく動いた。その後、花の舞（チムニー）のしめサバ、水タコの一次加工品が主力になっている。その他としては、梅の花（デパ地下のテイクアウト寿司の古市庵、一三〇店）、スシロー、サンネット、らでぃっしゅぼーやなどとなっている。これらの新たな得意先の開拓に関しては、東北共益投資資金から紹介されたアドバイザーの白石智哉氏（一九六三年生まれ）によるところが大きい。白石氏は外資系金融機関から独立し、被災地の企業支援にあたっている。

この唐丹湾の市場の前に七区画の水産加工団地が計画されている。一区画は岩手缶詰の立地がすでに決定しているが、残りはこれからであり、佐藤氏は八月に公募のある水産庁の八分の七の補助金によって進出することを希望していた。現在の工場はフレッシュの冷凍加工専用であるが、新工場は冷凍調理品（惣菜）に向かうことを意識していた。ライン化し、煮魚ライン、端材によるギョーザラインの設置を計画していた。現在の工場規模では売上額は四億円が限度であるが、新工場は二〇〜三〇億円をイメージしていた。

地元水産関連産業復興の担い手を目指す

また、この時代に新たに創業する企業として、多方面にわたるネットワークを意欲的に追求している。先の各方面からの資金調達に加え、大企業のＣＳＲ（Corporate Social Responsibility）部門との交流、さらに産学官連携にも意欲的に取り組んでいた。ＣＳＲ部門とは日立ソルーションズとの交流を重ね、業務管理システムの構築、また、産学官連携では独立行政法人科学技術振興機構（ＪＳＴ）

の資金で高知工科大学との鮮度維持の取り組み、さらに、岩手大学と足の速いサバの蓄養にも取り組んでいる。釜石には岩手大学のサテライト施設として、大型のプール（生簀）がある。それを借りて定置網に入ったサバを生かしておく実験を重ねていた。

このように、釜石ヒカリフーズは「地域の雇用の拡大と所得の向上」を強く意識してスタートした。岩手県の最低賃金は六六五円であるが、釜石ヒカリフーズは七二〇～八五〇円にしていた。また、基本的に正規雇用とし、社会保険にも入り、就業形態は個人の家庭の事情を考慮し、個別のフレックスにしていた。地域資源の水産資源を背景に、地域の「水産関連産業の復興」の担い手であることを強く意識している。

水産関連産業には古いしきたりがあり、なかなかイノベーションが起こりにくい。ただし、津波により一度壊滅した水産関連産業には、むしろ現在、新たな可能性が横たわっているようにみえる。新進気鋭の水産加工業として、大きく登場し、地域の雇用拡大、所得の向上に寄与していくことが期待される。

（1）釜石市唐丹町の事情と被災の状況等については、関満博『東日本大震災と地域産業復興 I』新評論、二〇一一年、第7章を参照されたい。
（2）唐丹の大村技研の被災とその後については、関満博『東日本大震災と地域産業復興 II』新評論、二〇一二年、第7章を参照されたい。

執筆者紹介

関　満博　（序章、第３章、第７章、第13章、第14章、終章、補論1、補論２）

大西達也　（第１章）
1966年　兵庫県生まれ
1989年　早稲田大学法学部卒業
現　在　一般財団法人日本経済研究所調査局長兼地域未来研究センター副局長

遠山　浩　（第２章）
1963年　京都府生まれ
2009年　専修大学大学院経済学研究科博士課程単位取得
現　在　専修大学経済学部准教授

新張英明　（第４章）
1954年　岩手県生まれ
1977年　福島大学経済学部卒業
現　在　株式会社銀河エナジー顧問

長崎利幸　（第５章）
1962年　岐阜県生まれ
2003年　一橋大学大学院商学研究科修士課程修了
現　在　アーバンクラフト代表

加藤裕介　（第６章）
1988年　神奈川県生まれ
2010年　慶応義塾大学法学部政治学科卒業
現　在　一般社団法人Bridge for Fukushima

山藤竜太郎（第８章）
1976年　東京都生まれ
2006年　一橋大学大学院商学研究科博士後期課程修了
現　在　横浜市立大学国際総合科学群准教授　博士（商学）

立川寛之　（第９章）
1970年　神奈川県生まれ
1993年　東京農工大学農学部卒業
現　在　八王子市教育委員会生涯学習スポーツ部スポーツ振興課長

中澤裕子　（第10章）
1984年　広島県生まれ
2010年　一橋大学大学院商学研究科修士課程修了
現　在　一般社団法人RCF復興支援チーム

山本　健　（第11章）
1964年　東京都生まれ
2006年　横浜国立大学大学院国際社会科学研究科博士課程後期修了
現　在　岩手県立大学総合政策学部准教授　博士（経済学）

姜　雪潔　（第12章）
1981年　中国山東省生まれ
2011年　一橋大学大学院商学研究科博士後期課程修了
現　在　明星大学経営学部助教　博士（商学）

編者紹介

関《せき》　満博《みつひろ》

1948年　富山県生まれ
1976年　成城大学大学院経済学研究科博士課程単位取得
専修大学助教授、一橋大学大学院商学研究科教授を経て
現　在　明星大学経済学部教授　一橋大学名誉教授　博士（経済学）
岩手県東日本大震災津波からの復興に係わる専門委員
宮城県気仙沼市震災復興会議委員
福島県浪江町復興有識者会議委員
著　書『中国東北「辺境」の重工業と食糧基地』（編著、新評論、2010年）
『「農」と「モノづくり」の中山間地域』（共編著、新評論、2010年）
『「交流の時」を迎える中越国境地域』（共編著、新評論、2011年）
『沖縄地域産業の未来』（編著、新評論、2012年）
『地域を豊かにする働き方』（ちくまプリマー新書、2012年）
『鹿児島地域産業の未来』（新評論、2013年）
『地域産業の「現場」を行く』第１～７集（新評論、2008～14年）
『東日本大震災と地域産業復興Ｉ～Ⅳ』（新評論、2011～14年）
『６次産業化と中山間地域』（編著、新評論、2014年）他

震災復興と地域産業 6
――復興を支えるNPO、社会企業家

2015年２月25日　　初版第１刷発行

編　者　関　　満博
発行者　武市一幸
発行所　株式会社　新評論

〒169-0051　東京都新宿区西早稲田3-16-28
http://www.shinhyoron.co.jp
電話　03（3202）7391
FAX　03（3202）5832
振替　00160-1-113487

落丁・乱丁本はお取り替えします
定価はカバーに表示してあります

装　訂　山田英春
印　刷　神谷印刷
製　本　中永製本所

ISBN978-4-7948-0994-0
Printed in Japan

シリーズ《震災復興と地域産業》 好評既刊

関 満博 編

震災復興と地域産業 1

東日本大震災の「現場」から立ち上がる

被災企業に希望と勇気を！ 地域産業・中小企業の再興に
焦点を当てつつ，東日本の復旧・復興の現状と課題を探る。
（四六並製　244 頁　2000 円　ISBN978-4-7948-0895-0）

関 満博 編

震災復興と地域産業 2

産業創造に向かう「釜石モデル」

かつて製鉄城下町として栄えた釜石のまち。人口減少，
震災の重い課題を希望の力に変える取り組みを追う。
（四六並製　264 頁　2500 円　ISBN978-4-7948-0932-2）

関 満博・松永桂子 編

震災復興と地域産業 3

生産・生活・安全を支える「道の駅」

震災後，安全確保・物資供給・生産者支援の拠点となった
東北 11 駅の奮闘記から，成熟社会におけるその可能性を探る。
（四六並製　220 頁　2500 円　ISBN978-4-7948-0943-8）

関 満博・松永桂子 編

震災復興と地域産業 4

まちの自立を支える「仮設商店街」

東日本の被災各地に展開する「仮設商店街」12 の
果敢な取り組みを通じて，「暮らしと商店街」の未来を探る。
（四六並製　256 頁　2500 円　ISBN978-4-7948-0951-3）

関 満博・松永桂子 編

震災復興と地域産業 5

小さな“まち”の未来を映す「南三陸モデル」

津波ですべてを失った宮城県南三陸町で，
暮らしと仕事の再生に挑む人びとの活力に学ぶ。
（四六並製　288 頁　2800 円　ISBN978-4-7948-0963-6）

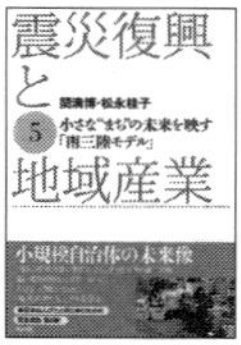

＊表示価格は税抜本体価格です